Gabriele Kopp, Josef Alberti, Siegfried Büttner

PLANET PLUS A 1.1

DEUTSCH FÜR JUGENDLICHE
Arbeitsbuch

Hueber Verlag

Im Lernmittel wird in Form von Symbolen auf CDs verwiesen. Diese enthalten – bis auf die Hörverstehensübungen – ausschließlich optionale Unterrichtsmaterialien; sie unterliegen nicht dem staatlichen Zulassungsverfahren.

Die Mediencodes enthalten zusätzliche Unterrichtsmaterialien, die der Verlag in eigener Verantwortung zur Verfügung stellt.

3. 2. 1. | Die letzten Ziffern
2021 20 19 18 17 | bezeichnen Zahl und Jahr des Druckes.
Alle Drucke dieser Auflage können, da unverändert, nebeneinander benutzt werden.
1. Auflage

Umschlaggestaltung: Sieveking · Agentur für Kommunikation, München
Zeichnungen: Bettina Kumpe, Braunschweig
Gestaltung und Satz: Sieveking · Agentur für Kommunikation, München
Verlagsredaktion: Dorothée Kersting, Hueber Verlag, München
Druck und Bindung: Firmengruppe APPL, aprinta druck GmbH, Wemding
Printed in Germany
ISBN 978-3-19-161778-3

Art. 530_01697_001_02

Am Modulanfang

Wiederholung von Wortschatz zur Vorbereitung auf das Modul

Selbstevaluation mit Selbstkontrolle

Lernfortschritte testen

Am Modulende

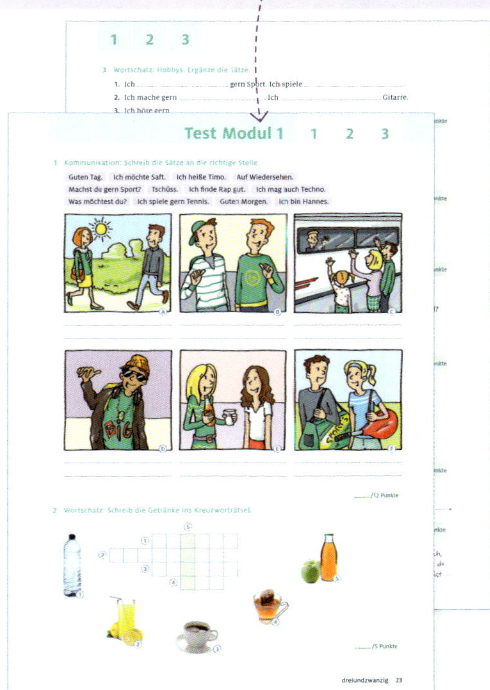

Wegweiser

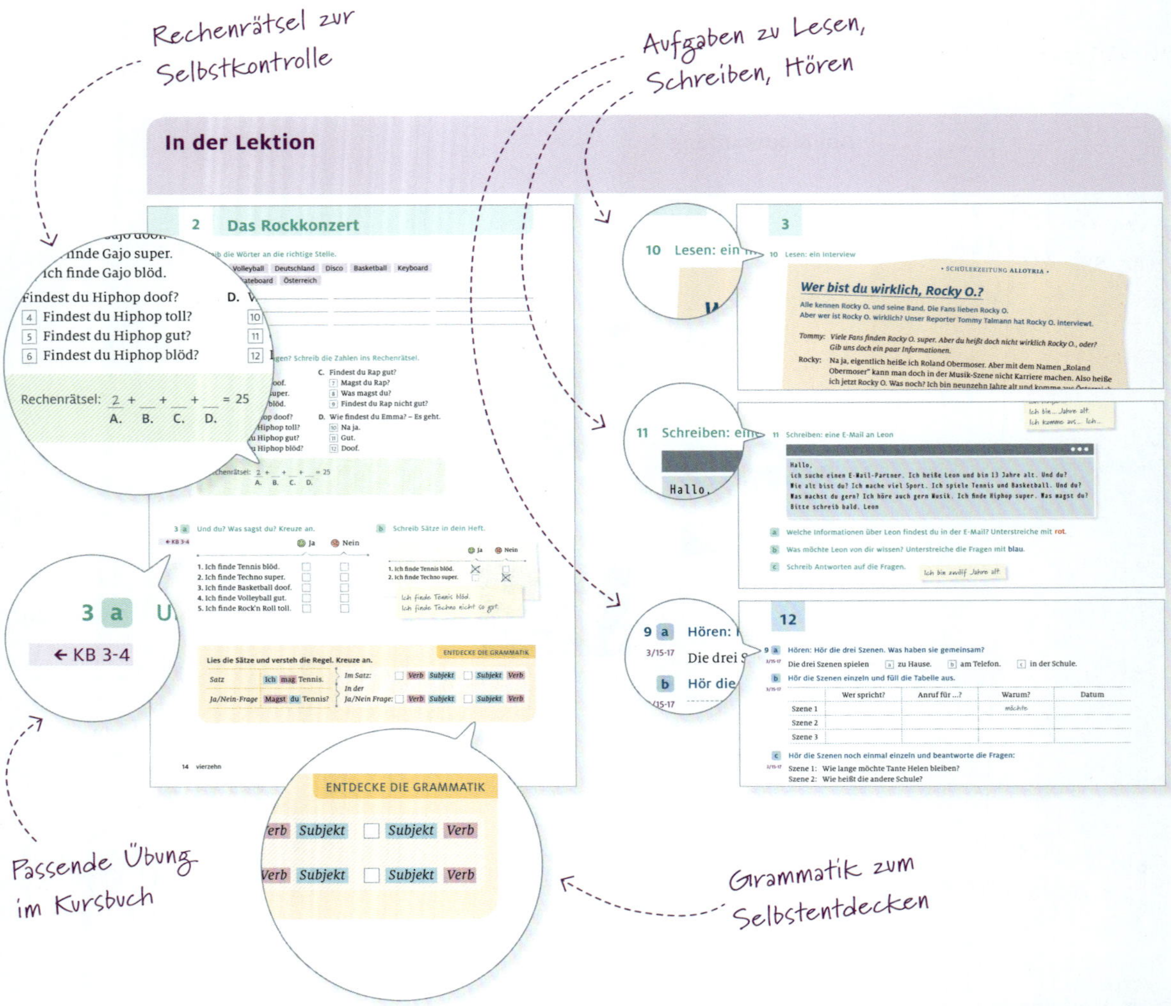
Rechenrätsel zur Selbstkontrolle
Aufgaben zu Lesen, Schreiben, Hören
In der Lektion
2 Das Rockkonzert
Findest du Hiphop doof?
4 Findest du Hiphop toll?
5 Findest du Hiphop gut?
6 Findest du Hiphop blöd?
Rechenrätsel: 2 + __ + __ + __ = 25
A. B. C. D.
10 Lesen: ein
Wer bist du wirklich, Rocky O.?
11 Schreiben: eine
9 a Hören:
b Hör die
3 a
← KB 3-4
ENTDECKE DIE GRAMMATIK
Subjekt Verb
Passende Übung im Kursbuch
Grammatik zum Selbstentdecken

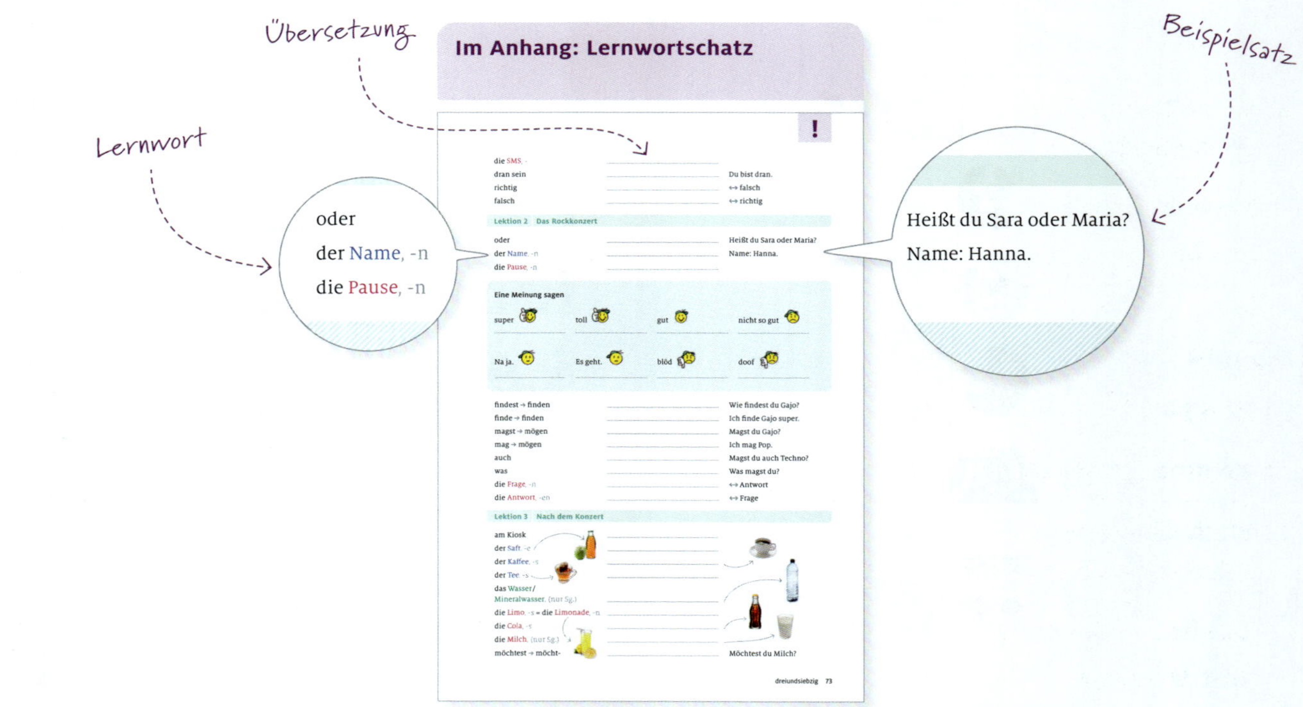
Übersetzung
Im Anhang: Lernwortschatz
Beispielsatz
Lernwort
oder
der Name, -n
die Pause, -n
Heißt du Sara oder Maria?
Name: Hanna.

Inhalt

Deutsch – international

1 Schreib die Wörter ins Kreuzworträtsel.

← KB 1-3

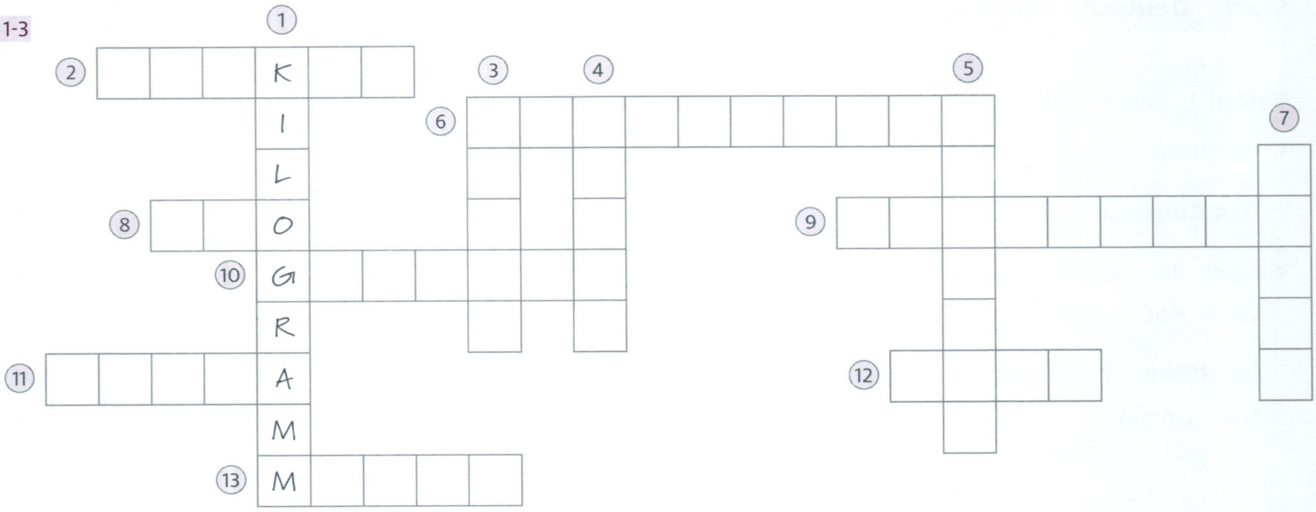

Zu schwer? Die Wörter helfen dir.

Telefon | Gramm | Sport | Kilogramm | Supermarkt | Kilometer

Zirkus | Paket | Zoo | Post | Pizza | Gitarre | Meter

2 ABC-Bild: Verbinde die Buchstaben nach dem ABC.

← KB 4-5

3 a Ordne die Wörter nach dem ABC. Schreib die Wörter in die Zeilen.

← KB 4-6

Post | Zoo | Telefon | ~~Bibliothek~~ | Deutschland | Jeans | Meter | Gitarre | Schweiz | Ungarn | Liechtenstein | Information | Kilogramm | Österreich

Bibliothek ______ ______ ______

Zu schwer? Dann schreib die Wörter in diese Zeilen.

A ______	J ______	S ______
B Bibliothek	K ______	T ______
C ______	L ______	U ______
D ______	M ______	V ______
E ______	N ______	W ______
F ______	O ______	X ______
G ______	P ______	Y ______
H ______	Q ______	Z ______
I ______	R ______	

b Schreib die Namen deiner Mitschüler ins deutsche ABC.

A ______	J ______	S ______
B ______	K ______	T ______
C ______	L ______	U ______
D ______	M ______	V ______
E ______	N ______	W ______
F ______	O ______	X ______
G ______	P ______	Y ______
H ______	Q ______	Z ______
I ______	R ______	

ABC

4 **Ergänze die Ländernamen. Ordne die Personen den Ländern zu. Mach Pfeile.**

← KB 6-7

5 **Lies noch einmal die Wörter aus 1 bis 4. Was ist das? Ergänze.**

← KB 7

1. P i z z a
2. __ i __ __ __ __
3. __ i __ __ __ __ __
4. __ i __ __ __ __ __ e __
5. __ a __ __ __
6. __ __ a __ __
7. __ __ __ __ __ __ a __ __ __
8. __ o __ __
9. __ __ __ __ __ o __
10. __ __ o __ __
11. __ __ __ __ __ __ e __ __ __ e __ __
12. __ e __ __ __ __ __ __ __ __ __
13. __ __ __ e __ __ e __ __ __
14. __ __ __ __ e __ __

1

Kennenlernen

Schreib die Wörter an die richtige Stelle.

~~Konzert~~ Eishockey Gitarre Hallo
Cola Kaffee Volleyball Basketball
Tee Techno Rock'n Roll

sich begrüßen

___

Sport

___

___

___

Musik

Konzert,

___

___

___

Getränke

___

___

___

1 Vor dem Rockkonzert

1 Musik: Schreib die Zahlen zu den Wörtern ins Rechenrätsel.

← KB 1-2

1

2

3

4

5

6

7

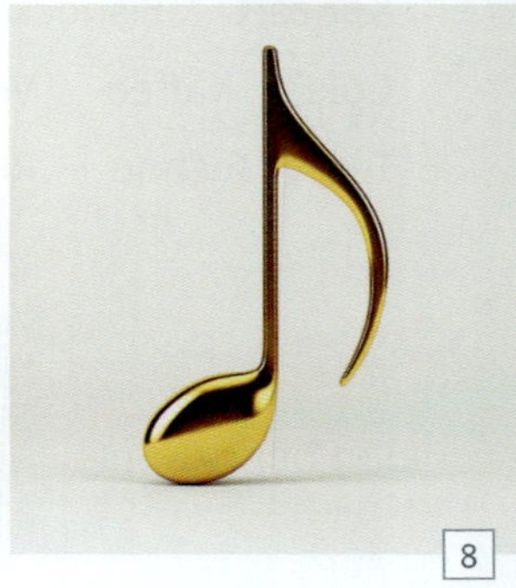
8

Rechenrätsel:	8 +	___ +	___ +	___ = 20	___ +	___ +	___ +	___ = 16
	Musik	Konzert	Band	Emma	Quiz	Gitarre	Karte	Keyboard

2 a Welche Antwort passt? Kreuze an.

← KB 3-4

1. ▲ Hallo, Paula.
- [ ] a ● Ich heiße Paula.
- [x] b ● Paula? Ich heiße Lina.
- [ ] c ● Ich bin Paula.

2. ▲ Wie heißt du?
- [ ] a ● Lina. Und du?
- [ ] b ● Du heißt Lina.
- [ ] c ● Und du?

3. ● Wer bist du?
- [ ] a ▲ Und du? Wer bist du?
- [ ] b ▲ Du bist Linus.
- [ ] c ▲ Ich bin Linus.

4. ● Lina und Linus!
- [ ] a ▲ Hallo!
- [ ] b ▲ Na so was!
- [ ] c ▲ Paula und Paul!

b Schreib die Sätze 1–4 und die richtigen Antworten. Dann entsteht eine Geschichte.

____
____
____
____
____
____
____
____

3 *h* oder nicht? Hör zu und ergänze die Buchstaben.

3/02
← KB 5

A ndreas, ___e, ___allo! ▪ Wie ___eißt du? ▪
Ich ___eiße ___anna. ___nd du? ▪ ___ndrea.

4 Ergänze die Verben in den Sätzen.

← KB 6

1. ● Wie heißt du?
   ▲ Ich ______ Gabriel.
2. ● Wer ______ du?
   ▲ Ich ______ Gabriele.
3. ● Ich ______ Hanna.
   Und du? Wie ______ du?

5 Wer sagt was? Schreib die Zahlen zu den Sätzen.

← KB 7-8

☐ Hallo, Linus. ☐ Guten Abend, Herr Schwarz. ☐ Guten Morgen, Herr Alt.
☐ Guten Abend, Frau Held. ☐ Guten Tag, Frau Wegner. [1] Guten Tag, Herr Moser.

6 Wie grüßt man bei euch? Trag das ins Schaubild ein.

← KB 8

7 a Schreib die Zahlen.

← KB 9-10

1									
eins	vier	sieben	zwei	acht	neun	drei	sechs	fünf	zehn

b Mach Pfeile.

14 13 17 12

siebzehn neunzehn vierzehn dreizehn zwölf

19 15

achtzehn sechzehn zwanzig fünfzehn elf

20 18 11 16

8 Was kommt vorher? Was kommt dann? Schreib die Zahlen in Worten.

← KB 9-10

1. vier ______ fünf ______
2. ______ zwölf ______
3. ______ neunzehn ______
4. ______ acht ______
5. ______ sechzehn ______

9 a Schreib die Wörter mit *ei* richtig.

← KB 11

1. eiwz ______
2. eihßt Wie ______ …
3. eeihß Ich ______ …
4. eidr ______
5. einn ______
6. eeidhnrz ______

b Hör die Wörter zur Kontrolle.

3/03

10 Schreib die Zahlen in Worten ins Kreuzworträtsel.

← KB 12-13

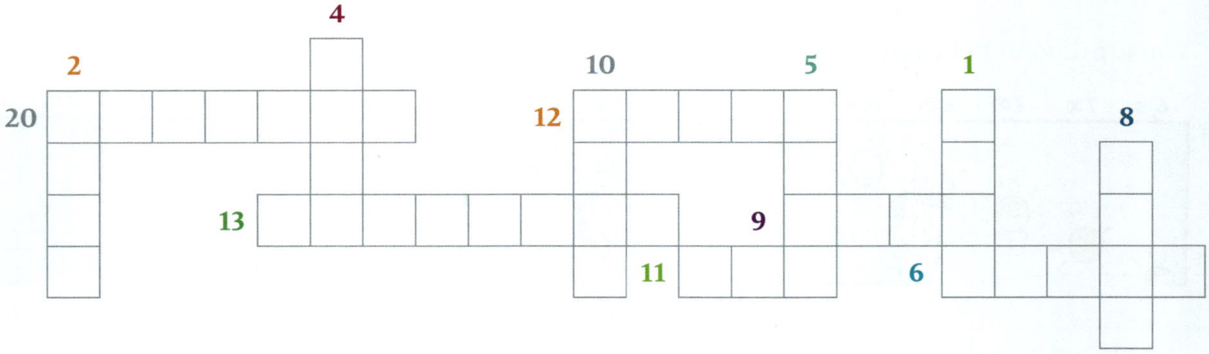

11 a Kleine Geschichten: Wer sagt was?
Schreib die Zahlen zu den Sätzen.

← KB 13

- [1] Elf und elf.
- [ ] Ich darf noch mal.
- [ ] Richtig.

- [ ] Falsch.
- [ ] Du bist dran.
- [ ] Neun und Neunzehn.

b Schreib die richtigen Sätze in die Sprechblasen.

2 Das Rockkonzert

1 Schreib die Wörter an die richtige Stelle.

← KB 1-2

~~Gitarre~~ | Volleyball | Deutschland | Disco | Basketball | Keyboard | Schweiz | Skateboard | Österreich

1. Land: ______ ______ ______
2. Sport: ______ ______ ______
3. Musik: Gitarre ______ ______

2 Was kannst du noch sagen? Schreib die Zahlen ins Rechenrätsel.

← KB 3-4

A. Ich finde Gajo toll.
- 1 Ich finde Gajo doof.
- [x] 2 Ich finde Gajo super.
- 3 Ich finde Gajo blöd.

B. Findest du Hiphop doof?
- 4 Findest du Hiphop toll?
- 5 Findest du Hiphop gut?
- 6 Findest du Hiphop blöd?

C. Findest du Rap gut?
- 7 Magst du Rap?
- 8 Was magst du?
- 9 Findest du Rap nicht gut?

D. Wie findest du Emma? – Es geht.
- 10 Na ja.
- 11 Gut.
- 12 Doof.

Rechenrätsel: 2 + __ + __ + __ = 25
A. B. C. D.

3 a Und du? Was sagst du? Kreuze an.

← KB 3-4

	Ja	Nein
1. Ich finde Tennis blöd.	☐	☐
2. Ich finde Techno super.	☐	☐
3. Ich finde Basketball doof.	☐	☐
4. Ich finde Volleyball gut.	☐	☐
5. Ich finde Rock'n Roll toll.	☐	☐

b Schreib Sätze in dein Heft.

	Ja	Nein
1. Ich finde Tennis blöd.	[x]	☐
2. Ich finde Techno super.	☐	[x]

Ich finde Tennis blöd.
Ich finde Techno nicht so gut.

ENTDECKE DIE GRAMMATIK

Lies die Sätze und versteh die Regel. Kreuze an.

Satz	Ich mag Tennis.	*Im Satz:* ☐ Verb Subjekt ☐ Subjekt Verb
Ja/Nein-Frage	Magst du Tennis?	*In der Ja/Nein Frage:* ☐ Verb Subjekt ☐ Subjekt Verb

4 Schreib die Sätze und Fragen richtig. Achte auf das Satzzeichen. Denk an die Großschreibung am Satzanfang.

← KB 5-6

1. mag ▪ ich ▪ Hiphop Ich ______________________ .
2. Lina ▪ du ▪ heißt Heißt ______________________ ?
3. heißt ▪ wie ▪ du ______________________ ?
4. was ▪ du ▪ magst ______________________ ?
5. toll ▪ finde ▪ ich ▪ Tennis ______________________ .
6. du ▪ findest ▪ gut ▪ Pizza ______________________ ?

5 Was passt zusammen? Schreib die Buchstaben ins Lösungswort.

← KB 5-6

1. Wie findest du Basketball? — C Linus.
2. Was magst du? — N Nein, super.
3. Wer bist du? — H Nein, Hiphop.
4. Magst du Rap? — ~~T~~ Super.
5. Findest du Sport doof? — O Ja, Linus Weiß.
6. Bist du Linus? — E Hiphop.

Lösungswort:

1.	2.	3.	4.	5.	6.
T					

ENTDECKE DIE GRAMMATIK

Welche Antworten passen? Verbinde. Ergänze die Regel.

- ● Wer bist du?
- ● Bist du Heike?

- ▲ Heike.
- ▲ Ja.
- ▲ Nein.
- ▲ Ich bin Heike.

Fragen mit Wer? Was? Wie?
→ *Antwort:* Wort *oder* Satz

Ja/Nein-Frage
→ *Antwort:* ______ *oder* ______

6 a Partnerübung: Schreib Fragen für deinen Partner.

← KB 5-6

Frage	*Antwort*
1. Wie findest du ______________ ?	______________
2. Findest du ______________ ?	______________
3. Magst du ______________ ?	______________
4. Was magst ______________ ?	______________

b Tauscht die Arbeitsbücher und schreibt die Antworten.

7 Was gehört zusammen? Schreib ganze Sätze.

← KB 5-7

~~Andrea~~

Gabriel

Paula

Hannes

Andrea: *Ich finde Jeans nicht so toll.*

Gabriel: ______________________________

Paula: ______________________________

Hannes: ______________________________

8 a Finde den Weg.

← KB 7

Hallo.

Hallo. Wer bist du denn?	Hallo. Und du?
Und du bist Linus.	Ich bin Linus. Und du?
Ich heiße Hanna.	Du heißt Hanna.
Sag mal, Hanna, magst du Musik?	Sag mal, du heißt Hanna.
Nein, ich mag Musik.	Ja, ich mag Musik.
Wie findest du Rap?	Na ja, es geht.
Du findest Rap doof.	Ich finde Rap doof.
Was magst du denn?	Wie heißt du denn?
Ich finde Techno super.	Ich mag Techno nicht.
Wirklich? Ich finde Techno super.	Wirklich? Ich auch.

b Schreib den Dialog richtig in dein Heft.

● *Hallo.*
▲ *Hallo. Wer bist du denn?*
● *Ich bin Linus. Und du?*
▲ ...

1 a Welche Antwort passt? Kreuze an.

← KB 1

1. ● Möchtest du Cola?
   - [a] ▲ Nein, ich möchte Cola.
   - [b] ▲ Nein, ich möchte Tee.
   - [c] ▲ Ja, ich möchte Tee.
2. ● Du möchtest Tee. Wirklich?
   - [a] ▲ Ja, ich trinke gern Tee.
   - [b] ▲ Du möchtest Tee.
   - [c] ▲ Na gut.
3. ▲ Und du? Trinkst du gern Tee?
   - [a] ● Na ja.
   - [b] ● Und du?
   - [c] ● Ja, und ich?
4. ▲ Zweimal Tee, bitte.
   - [a] ■ Danke.
   - [b] ■ Nein danke.
   - [c] ■ Hier bitte.

b Schreib die Sätze 1–4 und die richtigen Antworten in dein Heft. Dann entsteht eine Geschichte.

2 a Suche noch sechs Getränke.

← KB 1

C	A	F	R	M	G	U	H	L
O	N	W	A	S	S	E	R	T
L	I	M	O	N	A	D	E	E
A	D	I	K	A	F	F	E	E
M	I	L	C	H	T	K	S	A

b Schreib die Getränke an die richtige Stelle.

1. Cola

2. ______

3. ______

4. ______

5. ______

6. ______

7. ______

3 a Wohin gehören die Wörter mit *ch*? Ergänze die Purzelwörter.

← KB 2

chl (2x) | chilM | ~~cheehnsz~~ | chiiklrW | chemöstt | cheeiÖrrst | chint | chemöt | cheeeiiLnnst

1. Hier, Platz fünfzehn und Platz s e c h z e h n.
2. Bist du in __ __ __ __ __ __ __ __ __ __ __ __ __
   oder in __ __ __ __ __ __ __ __ __ __ ?
3. ● __ __ __ finde Emma __ __ __ __ __ gut.
   ▲ __ __ __ __ __ __ __ __ ?
4. ● Was __ __ __ __ __ __ __ __ du?
   ▲ __ __ __ __ __ __ __ __ __ __ __ __ __ __ .

b Hör die Sätze zur Kontrolle.

3/04

4 Verbinde die Dominosteine.

← KB 3

Judo	Ich bin
Lena	Ich mache
*	Ich höre
Saft	Ich heiße
Tennis	Ich trinke
Musik	Ich spiele
zwölf	*

5 Was passt? Kreuze an. Schreib dann Sätze in dein Heft.

← KB 3

	Tennis	Sport	Klavier	Saft	Fußball	Musik	Tee
Ich spiele	X						
Ich höre							
Ich trinke							
Ich mache							
Ich möchte							

6 Ergänze die Verben in der richtigen Form.

← KB 3

1. ▲ Machst du Sport? ◆ Ja, ich ______ Judo. (machen)
2. ▲ Was ______ du gern? ◆ Ich ______ gern Tee. (trinken)
3. ▲ ______ du Cola? ◆ Nein, ich ______ Limo. (möcht-)
4. ▲ Ich ______ Gitarre. Und du? Was ______ du? (spielen)
5. ▲ Wie ______ du Rap? ◆ Rap? Ich ______ Rap doof. (finden)

ENTDECKE DIE GRAMMATIK

Ergänze die Endungen und die Regel.

Infinitiv				
hör-en	ich	hör___	du	hör___
spiel-en		spiel___		spiel___
mach-en		mach___		mach___
trink-en		trink___		trink___

Infinitiv: Verb-Basis + -en
ich: *Verb-Basis (z.B. hör-) +* ___
du: *Verb-Basis (z.B. hör-) +* ___

7 a Was ist richtig? Kreuze an. Schreib die Zahlen ins Rechenrätsel.

← KB 4-5

A. [1] ▲ Wie / [2] ▲ Wer / [3] ▲ Was – bist du denn? ◆ Linus.

B. [4] ▲ Wer / [5] ▲ Wie / [6] ▲ Was – machst du? ◆ Ich höre Musik.

C. [7] ▲ Wie / [8] ▲ Wie alt / [9] ▲ Wer – bist du? ◆ Vierzehn.

D. [10] ▲ Was / [11] ▲ Wie / [12] ▲ Wer – trinkst du? ◆ Wasser.

E. [13] ▲ Wie alt / [14] ▲ Was / [15] ▲ Wie – findest du Techno? ◆ Gut.

F. [16] ▲ Wer / [17] ▲ Was / [18] ▲ Wie – möchtest du? ◆ Tee.

G. [19] ▲ Wie / [20] ▲ Wie alt / [21] ▲ Wer – heißt du? ◆ Heike.

H. [22] ▲ Wie / [23] ▲ Was / [24] ▲ Wer – spielst du? ◆ Gitarre.

Rechenrätsel: ___ + ___ + ___ + ___ + ___ + ___ + ___ + ___ = 100
A. B. C. D. E. F. G. H.

b Schreib die acht Fragen und Antworten richtig in dein Heft.

8 Stell die Fragen.

← KB 6

1. ▲ *Trinkst du Wasser* ?
   ◆ Nein, ich trinke Saft.
2. ▲ ______________________ ?
   ◆ Nein, ich möchte Tee.
3. ▲ ______________________ ?
   ◆ Ich trinke gern Limonade.
4. ▲ ______________________ ?
   ◆ Ich möchte Wasser.
5. ▲ ______________________ ?
   ◆ Heiko.
6. ▲ ______________________ ?
   ◆ Nein, Hanna.

9 Schreib den Dialog.

← KB 7

~~Hallo, wer bist du denn?~~ | Nein. | Und Volleyball? | Also, tschüss. | Gabriel. Und du? | Ich heiße Hannes. Spielst du Basketball? | Nein. | Auf Wiedersehen.

▲ *Hallo, wer bist du denn?*

◆ ______________________

____

____

____

____

____

____

10 Lesen: ein Interview

• SCHÜLERZEITUNG **ALLOTRIA** •

Wer bist du wirklich, Rocky O.?

Alle kennen Rocky O. und seine Band. Die Fans lieben Rocky O. Aber wer ist Rocky O. wirklich? Unser Reporter Tommy Talmann hat Rocky O. interviewt.

Tommy: *Viele Fans finden Rocky O. super. Aber du heißt doch nicht wirklich Rocky O., oder? Gib uns doch ein paar Informationen.*

Rocky: Na ja, eigentlich heiße ich Roland Obermoser. Aber mit dem Namen „Roland Obermoser" kann man doch in der Musik-Szene nicht Karriere machen. Also heiße ich jetzt Rocky O. Was noch? Ich bin neunzehn Jahre alt und komme aus Österreich.

Tommy: *Was machst du denn so? Hast du Hobbys? Machst du Sport?*

Rocky: Ich mache regelmäßig Judo und gehe jeden Morgen joggen. Ich möchte ja fit sein.

Tommy: *Was für eine Musik hörst du eigentlich privat?*

Rocky: Klassische Musik, vor allem Mozart. Das ist super zum Relaxen.

Tommy: *Das ist ja interessant. Danke, Rocky, für das Gespräch.*

a Unterstreiche mit blau alles, was du verstehst. Siehst du? Du verstehst schon viel.

b Welche Informationen über Rocky findest du im Text? Unterstreiche mit rot.

c Stell dir vor, du bist Rocky. Fass die Informationen zusammen:

Ich heiße ...
Ich bin ... Jahre alt.
Ich komme aus ... Ich ...

11 Schreiben: eine E-Mail an Leon

Hallo,
ich suche einen E-Mail-Partner. Ich heiße Leon und bin 13 Jahre alt. Und du?
Wie alt bist du? Ich mache viel Sport. Ich spiele Tennis und Basketball. Und du?
Was machst du gern? Ich höre auch gern Musik. Ich finde Hiphop super. Was magst du?
Bitte schreib bald. Leon

a Welche Informationen über Leon findest du in der E-Mail? Unterstreiche mit rot.

b Was möchte Leon von dir wissen? Unterstreiche die Fragen mit blau.

c Schreib Antworten auf die Fragen.

Ich bin zwölf Jahre alt.

d Schreib eine E-Mail an Leon. Achte auf die Reihenfolge. Schreib am Anfang *Hallo Leon, ...* und am Schluss *Bis bald* und deinen Namen.

bitte ankreuzen

hier falten

sich begrüßen

Guten ______ !

______ !

______ !

______ !

Guten Morgen

Guten Tag

Guten Abend

Hallo

sich verabschieden

Auf ______ !

______ !

Auf Wiedersehen

Tschüss

sich vorstellen und nach dem Alter fragen

Wer ______ ?

Ich ______ .

Wie ______ ?

Ich ______ .

Wie alt ______ ?

______ .

Wer bist du

Ich bin ...

Wie heißt du

Ich heiße ...

Wie alt bist du

Ich bin ... (Jahre alt)

einen Wunsch sagen

Was ______ ?

Ich ______ .

Was möchtest du

Ich möchte ...

eine Meinung sagen

Wie ______ ?

Ich finde ______ super ,

______

______

Findest ______ ?

Na ______ .

Magst ______ ?

Ja./ ______ .

Ich ______ .

Wie findest du ...

Ich finde ... super,

toll, gut, nicht so gut

doof, blöd

Findest du ... gut/...

Na ja. Es geht.

Magst du ...

Ja./Nein.

Ich mag ...

hier falten

bitte ankreuzen

sagen, was man gern macht

Ich höre (gern) Musik
Ich mache gern
Sport/Musik
Ich spiele gern
Fußball/Klavier/
Theater/...
Ich trinke gern ...

Ich ...
Ich mache gern ...
Ich ...

Getränke

Limonade/Limo
Cola
Saft
Wasser
Milch
Kaffee
Tee

Hobbys

Sport/Musik machen
Fußball/Eishockey
spielen
Theater spielen
Klavier spielen
Musik hören

... machen
... spielen

Zahlen

eins, zwei, drei,
vier, fünf, sechs,
sieben, acht, neun,
zehn, elf, zwölf,
dreizehn, vierzehn,
fünfzehn, sechzehn,
siebzehn, achtzehn
neunzehn, zwanzig

1 Kommunikation: Schreib die Sätze an die richtige Stelle.

Guten Tag. | Ich möchte Saft. | Ich heiße Timo. | Auf Wiedersehen. | Machst du gern Sport? | Tschüss. | Ich finde Rap gut. | Ich mag auch Techno. | Was möchtest du? | Ich spiele gern Tennis. | Guten Morgen. | Ich bin Hannes.

A

B

C

D

E

F

/12 Punkte

2 Wortschatz: Schreib die Getränke ins Kreuzworträtsel.

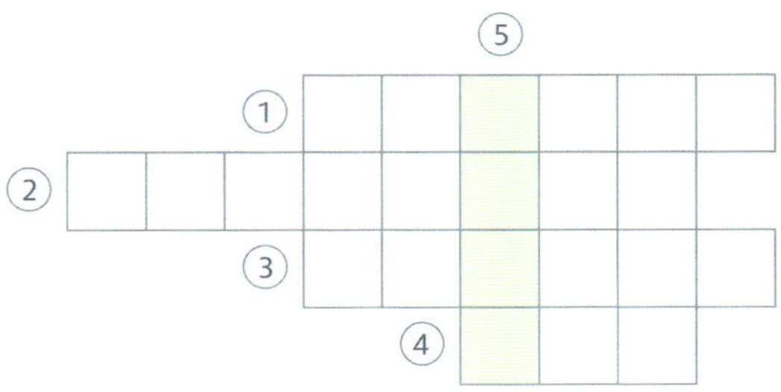

1

2

3

4

5

/5 Punkte

3 Wortschatz: Hobbys. Ergänze die Sätze.

1. Ich __________ gern Sport. Ich spiele __________ .
2. Ich mache gern __________ . Ich __________ Gitarre.
3. Ich höre gern __________ .

___ /5 Punkte

4 Wortschatz: Schreib die Zahlen in Worten.

1	eins	5	__________
7	__________	17	__________
12	__________	20	__________

___ /5 Punkte

5 Grammatik: Streiche die falsche Verbform durch.

1. Ich höre/~~hörst~~ gern Musik.
2. Spiele/Spielst du Gitarre?
3. Du heiße/heißt Linus, oder?
4. Ich bin/bist zwölf.
5. Ich trinke/trinkst gern Milch.
6. Du finde/findest Tennis gut.

___ /5 Punkte

6 Grammatik: Ergänze die Fragen.

1. ● __________ bist du denn?
   ▲ Tina.
2. ● __________ bist du?
   ▲ Dreizehn.
3. ● __________ möchtest du?
   ▲ Tee.
4. ● __________ findest du Fußball?
   ▲ Super.
5. ● __________ magst du?
   ▲ Popmusik.

___ /5 Punkte

7 Grammatik: Schreib die Sätze und Fragen richtig.

1. Lina ▪ bin ▪ ich __________ .
2. Pizza ▪ du ▪ magst __________ ?
3. gern ▪ Musik ▪ hörst ▪ du __________ .
4. du ▪ machst ▪ Was __________ ?
5. Wer ▪ ich ▪ bin __________ ?

___ /5 Punkte

42–32 Punkte 🙂	31–19 Punkte 😐	18–0 Punkte ☹️
Super. Du bist fit!	Na ja. Du musst noch üben.	Oje! Noch viel üben!

gesamt ___ /42 Punkte

Sieh nach, wie gut du schon bist …

2

Familie

a Schreib die Wörter an die richtige Stelle.

Mama | Techniker | Architekt | Papa

Familie

Berufe

b Du kennst schon viele Wörter und Sätze.

sich vorstellen

Ich

Hobbys

Zahlen

sich begrüßen

Guten

sich verabschieden

4 Familien-Quiz

1 a Familie: Was passt nicht? Streiche durch.

← KB 2-3

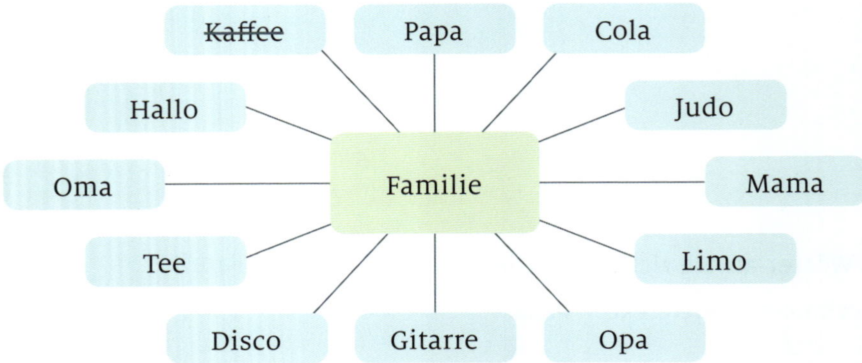

b Was passt? Schreib die Wörter.

Familie: ______, ______, ______, ______

2 Was gehört zusammen? Ergänze.

← KB 2-3

1. Vater und ______ = Eltern
2. ______ und Schwester = ______
3. Großvater und ______ = ______
4. ______ und Mama = ______
5. ______ und Oma = ______
6. Onkel und ______
7. ______ und Cousine

3 Ordne den Dialog. Schreib die Zahlen.

← KB 2-3

1 ● Hier König.
___ ● Nein, nein, nein! Doch nicht Opa!
___ ● Mama? Ich bin doch nicht Mama.
___ ● Hihihi. Tina. Ich bin Tina.
___ ● Nein, ich bin auch nicht Oma.
___ ● Ich bin nicht Papa.

___ ▲ Nicht Papa? Ach, du bist‘s, Oma.
___ ▲ Wer denn dann?
___ ▲ Ach Tina, du bist doof.
2 ▲ Hallo, Mama.
___ ▲ Nicht Mama? Ach so, Papa.
___ ▲ Oder Opa?

4 Hör zu und schreib die Wörter der Reihe nach auf.

3/05
← KB 4

1. ______________ 4. ______________ 7. ______________
2. ______________ 5. ______________ 8. ______________
3. ______________ 6. ______________ 9. ______________

Zu schwer? Die Purzelwörter helfen dir.

aertV · eeMrt · ceehrSstw · eprsu · eMrttu · Bderru · ceehiGrsstw · aerssW · eeiKlmort

5 Hör zu und unterstreiche die betonte Silbe.

3/06
← KB 4

Va-ter ▪ Schwe-ster ▪ Bru-der ▪ Mut-ter ▪ Was-ser
Me-ter ▪ su-per ▪ The-a-ter ▪ Ge-schwis-ter ▪ Pe-ter

6 Lisas Familie: Was ist richtig? Was ist falsch?

← KB 5

	richtig	falsch
(1) Opa	☐	☐
(2) Onkel Jan	☐	☐
(3) Schwester Eva	☐	☐
(4) Großeltern	☐	☐
(5) Oma	☐	☐

	richtig	falsch
(6) Cousine Pia	☐	☐
(7) Bruder Max	☐	☐
(8) Tante Anne	☐	☐
(9) Cousin Fabian	☐	☐
(10) Mama	☐	☐

7 Und jetzt du: Wer gehört zu deiner Familie? Schreib auf. Schreib auch die Namen dazu.

← KB 5

____
____
____
____
____

8 a Wer sagt was? Schreib die Zahlen zu den Sätzen.

← KB 5

☐ Cousin Alfred. | 1 Wer bin ich? | ☐ Hannes? | ☐ Nein. | ☐ Auch nicht. | ☐ Oder Linus?

b Schreib weitere Dialoge. Erfinde die Namen selbst und dazu Cousine, Tante, …

9 Suche die Zahlen.

← KB 6-8

66 | 100 | 40 | 57 | 70 | 82 | 91 | 19 | 58 | 20 | 36 | 30 | 60 | 1000

K	G	E	B	O	R	T	S	E	C	H	S	U	N	D	S	E	C	H	Z	I	G
D	R	U	V	L	N	A	C	H	T	U	N	D	F	Ü	N	F	Z	I	G	V	S
S	A	C	I	E	X	U	L	E	I	N	U	N	D	N	E	U	N	Z	I	G	I
T	I	S	E	C	H	S	U	N	D	D	R	E	I	ß	I	G	O	P	F	U	E
U	H	F	R	S	N	E	U	N	Z	E	H	N	V	D	R	E	I	ß	I	G	B
E	B	O	Z	W	A	N	Z	I	G	R	L	R	S	E	C	H	Z	I	G	O	Z
Z	W	E	I	U	N	D	A	C	H	T	Z	I	G	V	U	K	L	R	V	N	I
I	N	T	G	S	I	E	B	E	N	U	N	D	F	Ü	N	F	Z	I	G	A	G

ENTDECKE DIE ZAHLEN

Schreib die Zahlen in Worten.

dreißig | ein | fünfzig | neun | sechzig | zwei | ~~vier~~ | ~~siebzig~~

74 vierundsiebzig
52 ______ und ______
31 ______ und ______
69 ______ und ______

74
vierundsiebzig

10 Hör zu, schreib die Zahlen und rechne.

3/07

← KB 6-8

___ – ___ – ___ + ___ – ___ + ___ – ___ + ___ + ___ = ___

1 Was passt zusammen? Schreib die Zahlen ins Rechenrätsel.

← KB 1-2

A. Wie alt ist Maria?
B. Sind Rosa und Rita zehn?
C. Wie alt bist du denn, Mario?
D. Wie alt ist Stefan?
E. Wie alt sind Peter und Paul?
F. Ist Lina zwölf Jahre alt?

1 Ich bin zwölf.
2 Sie ist siebzehn.
3 Nein, sie ist fünfzehn.
4 Sie sind vierzehn.
5 Er ist sechzehn.
6 Nein, sie sind elf Jahre alt.

Rechenrätsel: Wie alt ist Hannes? ___ + ___ − ___ + ___ + ___ − ___ = _____
A. B. C. D. E. F.

2 Ergänze: *ich – du – er – sie*.

← KB 1-2

1. ● Das sind Mia und Jonas. __________ sind Geschwister.
2. ● Das ist Cousine Lena. ▲ Wie alt ist __________ denn? ● __________ ist erst neun.
3. ● Das ist Onkel Andreas. __________ ist aus Österreich.
4. ● Wie alt bist __________ ? ▲ Elf.
5. ● Hallo, __________ bin Paula. Und wer bist __________ ?

3 Finde drei kleine Dialoge (immer drei Teile). Schreib sie in dein Heft. Ergänze: *bin – bist – ist – sind*.

← KB 1-2

Wie findest du Tim? | Warte mal – sie ??? fünfzehn. | Ich ??? Paul.
Ich ??? Paula. Und du? | Hallo! Wer ??? du denn? | Aha. Jonas ??? super. | Er ??? doof.
Also, ich finde Tim toll. | Sag mal, wie alt ??? Jan und Jonas?

4 Was ist richtig? Kreuze an. Schreib die Buchstaben ins Lösungswort.

← KB 4-5

1. Papas Bruder ist mein
   - I Opa.
   - E Onkel.
   - A Cousin.
2. Mamas Vater ist mein
   - K Opa.
   - B Onkel.
   - T Cousin.
3. Mamas Schwester ist meine
   - I Oma.
   - E Tante.
   - A Cousine.
4. Mamas Eltern sind meine
   - S Geschwister.
   - L Großeltern.
   - V Tanten.
5. Papas Mutter ist meine
   - N Oma.
   - R Tante.
   - T Cousine.

Lösungswort: ☐ ☐ ☐ ☐ ☐
3. 5. 2. 1. 4.

5 Schreib den Text richtig in dein Heft. Vergiss das Satzzeichen (.) nicht.

← KB 4-5

ICHHEIẞEGABRIELICHBINZWÖLFJAHREALTMEINBRUDERJANISTERSTSIEBEN
MEINESCHWESTERTINAISTSECHZEHNSIEISTDOOFMEINEELTERNSINDSUPER
MEINVATERISTEINUNDFÜNFZIGUNDMEINEMUTTERIST DREIUNDVIERZIG
MEINEGROẞELTERNSINDAUCHTOLLMEINOPAISTFÜNFUNDSIEBZIGUNDMEINE
OMAISTNEUNUNDSECHZIGSIESINDINÖSTERREICH

6 Und jetzt du. Schreib in dein Heft.

← KB 4-5

Ich heiße … . Ich bin …
Mein Vater / Opa … / Bruder … / Onkel … / Cousin … ist … Jahre alt.
Meine Mutter / Oma … / Schwester … / Tante … / Cousine … ist …
Meine Eltern / Großeltern / Geschwister sind …

7 Ordne den Dialog. Schreib die Zahlen.

← KB 6

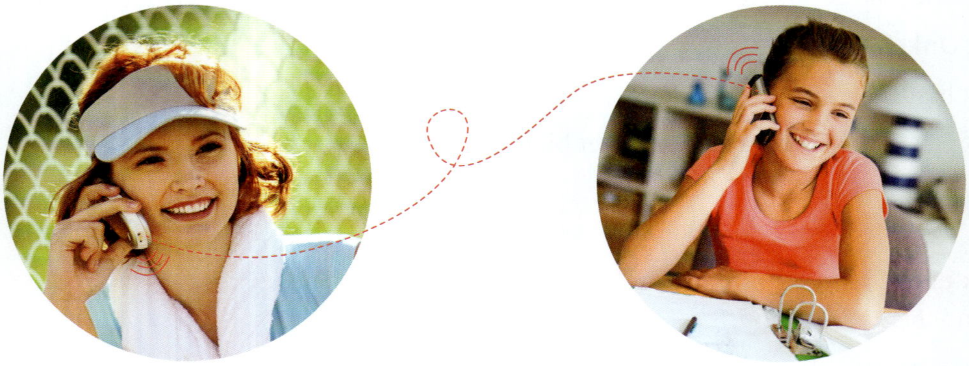

1 ▼ Hi, Emma.
___ ▼ Ach so.
___ ▼ Super. Kommst du dann?
___ ▼ Was machst du gerade?
___ ▼ Also, bis gleich.
___ ▼ Ich möchte Tennis spielen. Du auch?

___ ● Ich mache Hausaufgaben.
___ ● Hallo, Lea.
___ ● Ja, ich bin gleich da.
___ ● Tennis? Ja klar.
___ ● Ich bin aber gleich fertig. Was ist denn los?

8 a Was ist falsch? Streiche durch.

← KB 7-8

1. ● Ist das dein/~~deine~~ Bruder? ▼ Nein, das ist mein/meine Cousin.
2. ● Sind das dein/deine Großeltern? ▼ Ja, mein/meine Opa Jörg und mein/meine Oma Lina.
3. ● Das ist mein/meine Tante. ▼ Wie alt ist denn dein/deine Tante?
4. ● Dein/Deine Vater ist super. ▼ Mein/Meine Vater? Na ja, es geht.

b Schreib die Sätze richtig in dein Heft.

9 Welche Antwort passt? Kreuze an und schreib die Zahlen ins Rechenrätsel.

← KB 7-8

A. Wer ist das?
- [x] 1 Mein Bruder.
- 2 Dein Bruder.
- 3 Das ist dein Bruder.

B. Ist das deine Schwester?
- 4 Ja, meine Cousine.
- 5 Nein, mein Cousin.
- 6 Nein, meine Cousine.

C. Das ist also dein Bruder Leon.
- 7 Nein, meine Geschwister.
- 8 Ja, und meine Schwester Tina.
- 9 Nein, meine Schwester.

D. Sind das deine Eltern?
- 10 Nein, mein Onkel Hannes.
- 11 Nein, meine Tante Vera.
- 12 Nein, meine Tante und mein Onkel.

E. Wer ist das denn?
- 13 Das sind meine Großeltern.
- 14 Das ist deine Oma.
- 15 Das ist dein Opa.

Rechenrätsel: 1 + ___ + ___ + ___ + ___ = 40
A. B. C. D. E.

10 Ergänze die Wortsterne.

← KB 9

Vater ______ / ______ **mein - dein** ______ ______

Mutter ______ / ______ **meine - deine** ______ ______

Eltern ______ / ______ **meine - deine** ______

ENTDECKE DIE GRAMMATIK

Was ist falsch? Streiche durch. Ergänze dann die Regel.

- ● Das ist meine/mein Vater. ▲ Wie alt ist deine/dein Vater? ● Er ist 45.
- ● Das ist meine/mein Mutter. ▲ Wie alt ist deine/dein Mutter? ● Sie ist 42.
- ● Das sind meine/mein Eltern? ▲ Wie alt sind deine/dein Eltern? ● Sie sind 42 und 45.

er (*maskulin*) → mein / ______
sie (*feminin*) → ______ / deine
sie (*Plural*) → ______ / ______

11 Schreib die Sätze richtig.

← KB 10

1. nicht ▪ Ich ▪ weiß ______.
2. spielst ▪ gern ▪ Du ▪ nicht ______.
3. doof ▪ ist ▪ nicht ▪ Mein ▪ Bruder ______.
4. gern ▪ Ich ▪ trinke ▪ nicht ▪ Tee ______.
5. nicht ▪ möchte ▪ Ich ▪ mitmachen ______.

12 Schau das Bild an und antworte mit *nicht*.

← KB 10

1. ● Du heißt also Peter.
   ▲ Nein, ich heiße nicht ______
2. ● Du bist sechs Jahre alt.
   ▲ Nein, ich bin nicht ______
3. ● Du spielst Tennis.
   ▲ Nein, ______
4. ● Du trinkst gern Kaffee.
   ▲ ______
5. ● Und du spielst Gitarre.
   ▲ ______

13 a Und jetzt du. Kreuze an.

← KB 10

	ja	nein
1. Du trinkst gern Milch.	☐	☐
2. Du machst gern Hausaufgaben.	☐	☐
3. Du lernst gern Deutsch.	☐	☐
4. Du spielst gern Klavier.	☐	☐
5. Du hörst gern Musik.	☐	☐
6. Du machst gern Sport.	☐	☐

b Schreib Sätze in dein Heft.

Ich trinke (nicht) gern …

14 a Was passt? Kreuze an.

← KB 11

1. ▲ Ich gehe jetzt nach Hause.
   a ● Gute Nacht.
   b ● Guten Morgen.
2. ▲ Auf Wiedersehen.
   a ● Tschüss.
   b ● Hallo.
3. ▲ Guten Abend.
   a ● Hallo.
   b ● Gute Nacht.
4. ▲ Wie geht's?
   a ● Ich gehe nach Hause.
   b ● Danke gut.

b Schreib die Sätze 1–4 und die Antworten in dein Heft.

15 Ordne die Dialogteile den Bildern zu.

← KB 12

A Ich möchte Tennis spielen. Möchtest du mitspielen?

B Ich möchte Tennis spielen. Möchtest du mitspielen?

___ Tennis? Super Idee.

___ Na, ich weiß nicht. Na gut.

Familie Hofmann im Fernsehen

1 Ordne die Wörter den Begriffen zu. Verbinde.

← KB 1

Jörg Baumann | Emma Wulf | 41 Jahre | Ingenieur

Musikerin | 18 Jahre | Fußball | Judo

Name	Vorname	Alter	Beruf	Hobbys

Lina Maier | Klavier spielen | Lehrerin | 35 Jahre

2 Schreib die Verben ins Kreuzworträtsel.

← KB 2-3

3 a Partnerübung: Schreib Fragen für deinen Partner.

← KB 2-3

Frage	*Antwort*
1. Liest du gern?	______
2. Arbeitest du gern im ______ ?	______
3. Hörst du ______ ?	______
4. ______ E-Mails ?	______
5. Telefonierst ______ mit Oma ?	______
6. Machst du ______ ?	______
7. ______ Englisch ?	______
8. ______ ?	______

b Tauscht die Arbeitsbücher und schreibt die Antworten.

4 Lies die Sätze 1–10 und füll das Logical aus. Beantworte dann die Frage.

← KB 4-5

1. Lina ist dreizehn Jahre alt und findet Rap gut.
2. Maria liest nicht gern.
3. Paula findet Techno gut.
4. Hanna trinkt gern Cola und findet Rock'n' Roll gut.
5. Lara ist vierzehn Jahre alt und trinkt gern Tee.
6. Sie findet Hiphop gut und ist nicht vierzehn Jahre alt.
7. Sie ist zwölf Jahre alt, trinkt gern Limo und lernt nicht gern Englisch.
8. Sie ist fünfzehn Jahre alt und trinkt gern Saft.
9. Sie malt nicht gern, aber sie trinkt gern Wasser.
10. Sie hört nicht so gern Musik, aber Emma findet sie gut.

Name	Lina				
Alter	dreizehn				
macht nicht gern ...					
findet ... gut.					
trinkt gern ...					

Wer ist sechzehn Jahre alt und telefoniert nicht gern?

5 a Ergänze die Tabelle.

← KB 4-5

	spielen	lernen	telefonieren	malen	arbeiten
ich	spiele				
du		lernst			arbeitest
er/sie			telefoniert		

b Schreib Sätze in dein Heft.

Ich spiele ...

ENTDECKE DIE GRAMMATIK

Ergänze die Endungen und die Regel.

Infinitiv						
mal-en lern-en	ich	mal___ lern___	du	mal___ lern___	er/sie	mal___ lern___

ich: *Verb-Basis* + ___ du: *Verb-Basis* + ___ er/sie: *Verb-Basis* + ___

6 a Ergänze die E-Mail. Schreib die Zahlen ins Rechenrätsel.

← KB 4-5

Hallo, Leonie, wie geht es dir? Was (a) du denn immer so? (b) du noch Tennis? Ich (c) oft mit Opa. Wie (d) du Roger Federer? Ist er nicht toll? Was (e) eigentlich dein Bruder? (f) er immer noch so gut Gitarre? Er (g) doch Rock-Musik, oder? Ich (h) das super. Also, ich (i) meine Hausaufgaben und (j) Hardrock dazu. Mama (k) das nicht gut. Klar! Mama (l) nur Mozart und Beethoven. Und du? (m) du eigentlich gern Hardrock? Bitte schreib mir bald.
Deine Elsa

1 mache | 2 machst | 3 macht (2x) | 4 finde | 5 findest | 6 findet
7 höre | 8 Hörst | 9 hört | 10 spiele | 11 Spielst | 12 Spielt

Rechenrätsel: ___ + ___ + ___ − ___ − ___ − ___ + ___ + ___ + ___ − ___ + ___ + ___ − ___ = 11
(a, b, c, d, e, f, g, h, i, j, k, l, m)

b Schreib die E-Mail richtig in dein Heft.

7 a Was ist richtig? Kreuze an.

← KB 6-7

1. a ● Wie / b ● Was / c ● Wer — ist das? ▲ Tom.
2. a ● Woher / b ● Wo / c ● Wie — kommt Tom? ▲ Aus Wien.
3. a ● Wie / b ● Wo / c ● Woher — wohnt er? ▲ In Berlin.
4. a ● Was / b ● Wie / c ● Wie alt — ist er? ▲ Vierzehn.
5. a ● Was / b ● Wie / c ● Wo — macht er gern? ▲ Lesen.

b Mach Sätze aus Frage und Antwort. Schreib die Sätze in dein Heft.

1. Das ist ...

8 Hör zu und schreib die fehlenden Wörter in die Lücken.

3/08
← KB 7-8

Hallo, Eva, was ______ (a) du denn immer so? ______ (b) du immer noch so gern? Und was ______ (c) deine Schwester? Sie ______ (d) doch auch so viel. Und sie ______ (e) so gut, oder? Du ______ (f) ja auch gut, ich weiß. ______ (g) du immer noch Spanisch? Also ich ______ (h) jetzt Italienisch. Mein Freund ______ (i) nämlich aus Italien. Er ______ (j) Tino. Er ______ (k) Deutsch.
Bis bald Deine Julia

9 Lesen: ein Interview

• SCHÜLERZEITUNG **ALLOTRIA** •

In der Reihe »Sportler international« interviewt heute Reporterin Lea von der Schülerzeitung *Allotria* den Eishockeyspieler Marek Moravec.

Lea: *Marek, du spielst Eishockey.*

Marek: Ja, das ist richtig.

Lea: *Du spielst jetzt in Deutschland.*

Marek: Ja richtig, in Nürnberg. Und das ist super. Ich spiele gern Eishockey. Und die Nürnberger »Ice Penguins« sind eine tolle Mannschaft.

Lea: *Du bist noch sehr jung. Wie alt bist du eigentlich?*

Marek: Ich bin 20. Aber ich habe schon früh mit Eishockey angefangen, mit sieben, damals in Most. Und jetzt spiele ich in Deutschland. Das ist doch toll, oder?

Lea: *Du kommst also aus Tschechien. Du sprichst aber gut Deutsch.*

Marek: Na ja, meine Oma kommt aus Österreich. Und außerdem wohne ich schon drei Jahre in Deutschland, in Nürnberg. Und ich bin gern hier.

Lea: *Du spielst gern Eishockey. Du hast also dein Hobby zum Beruf gemacht. Hast du eigentlich noch andere Hobbys?*

Marek: Ich höre gern Musik, vor allem Hiphop, und ich lese viel.

Lea: *Machst du noch anderen Sport, Fußball zum Beispiel?*

Marek: Nein, ich mache nicht gern Sport, außer Eishockey natürlich.

Lea: *Na, dann viel Glück für dich und die Nürnberger »Ice Penguins«.*

a Unterstreiche mit blau alles, was du verstehst. Siehst du? Du verstehst schon viel.

b Marek gibt viele Informationen. Ordne die Themen der Reihe nach.

_3_ Herkunft (Woher?) ____ Alter ____ Beruf ____ Hobbys ____ Wohnort ____ Familie

c Gib dem Interview einen Titel. Schreib ihn oben ein.

Marek aus …
… spielt …

10 Schreiben: ein Artikel für die Schülerzeitung *„Allotria"*

a Welche Informationen über Marek findest du im Interview? Unterstreiche mit rot.

b Mach Sätze, notiere nur die wichtigen Informationen. Achte auf die richtige Verbform.

c Bring die Sätze in die richtige Reihenfolge und schreib deinen Titel dazu.

Das ist Marek …
Er spielt Eishockey.
Er …

bitte ankreuzen

hier falten

jemanden vorstellen

Wer ______ ?

Das ______ .

Wie ______ ?

Er/Sie ______ .

Wie alt ______ ?

______ .

______ Schüler .

______ Schülerin .

Wer ist das
Das ist ...
Wie heißt er/sie
Er/Sie heißt ...
Wie alt ist er/sie
Er/Sie ist ... (Jahre alt)
Er ist Schüler
Sie ist Schülerin

sich verabreden

Ich bin ______ fertig .

Ich komme ______ .

Ich ______ da .

Ich bin gleich fertig
Ich komme sofort
Ich bin gleich da

sich verabschieden

Auf ______ !

______ !

______ !

Auf Wiedersehen
Tschüss
Gute Nacht

sagen, was man (nicht) gern macht

Möchtest ______

______ ?

Ich ______ (nicht)

______ .

______ spiele (nicht) ______

______ .

Möchtest du
mitmachen

Ich möchte (nicht)
mitmachen

Ich spiele (nicht) so
gern

hier falten

bitte ankreuzen

Informationen erfragen

Wer ist das?

Wer ______ ?
Das ist mein Cousin.

Wie heißt er?

Wie ______ ?
Er heißt Max.

Woher kommt er?

______ ?
Er kommt aus der Schweiz.

Wo wohnt er?

______ ?
Er wohnt in Basel.

Familie

Eltern
Bruder + Schwester
Opa + Oma
Tante, Onkel
Cousin, Cousine

Vater + Mutter = ______
______ = Geschwister
______ = Großeltern
______
______

Hobbys

telefonieren
schreiben
lesen
im Garten arbeiten
malen

______
______
______
______
______

Berufe

Ingenieur, Architekt
Techniker, Künstler

______
______

Zahlen

zwanzig, dreißig
vierzig, fünfzig
sechzig, siebzig
achtzig, neunzig
hundert, zweihundert
zweitausend
siebenundfünfzig

______
______
______
______
______
______
______

1 Kommunikation: Schreib die Sätze an die richtige Stelle.

Kommst du? | Wer ist das? | Tschüss, Oma. | Ja, ich möchte Künstler werden. | Ja, ich bin gleich da. | Gute Nacht. | Aus der Schweiz. | Nein, ich mache nicht gern Sport. | Malst du gern? | Spielst du Fußball? | Das ist mein Cousin. | Woher kommt deine Tante?

A

B

C

D

E

F

_____ /12 Punkte

2 Wortschatz: Was passt nicht? Streiche durch.

1. Vater ▪ Großeltern ▪ Mutter ▪ Eltern
2. Opa ▪ Großeltern ▪ Oma ▪ Onkel
3. Oma ▪ Tante ▪ Onkel ▪ Cousin
4. Geschwister ▪ Schwester ▪ Mama ▪ Bruder
5. Großmutter ▪ Großvater ▪ Cousine ▪ Opa

_____ /5 Punkte

3 Wortschatz: Schreib die Zahlen und rechne.

1. zweihundert – sechsunddreißig – vierundsechzig
   200 – _____ – _____ = _____
2. siebenundvierzig + einundsiebzig + zweiundfünfzig
   _____ + _____ + _____ = _____

_____ /5 Punkte

4 Wortschatz: Was passt? Schreib die Zahlen.

1 reparieren | 2 arbeiten | 3 hören | 4 machen | 5 schreiben

1. im Garten ____ 2. Computer ____ 3. Musik ____ 4. Hausaufgaben ____ 5. E-Mails ____

____ /5 Punkte

5 Grammatik: Was ist richtig? Kreuze an.

1. ☐ Lesen / ☐ Lese / ☐ Liest du?
2. Laura ☐ telefoniere / ☐ telefoniert / ☐ telefonierst mit Jan.
3. Papa ☐ arbeitet. / ☐ arbeitest. / ☐ arbeiten.
4. Linus ☐ liest / ☐ lese / ☐ lesen viel.

____ /4 Punkte

6 Grammatik: Ergänze *ich – du – er – sie – sie*.

1. Das ist Tante Helga. ____ ist super.
2. Das ist Onkel Paul. ____ ist in Wien.
3. Das sind Jan und Julia. ____ sind doof.
4. ____ bin zehn Jahre alt.
5. Tina, wo bist ____ ?

____ /5 Punkte

7 Grammatik: Schreib mit den Wörtern drei Sätze mit *nicht*.

spielst | Ich | nicht | gern | Kaffee | trinke | nicht | Andreas | gern | ist | doof | nicht | Du

1. ______________________________
2. ______________________________
3. ______________________________

____ /3 Punkte

8 Grammatik: Ergänze *mein – meine – dein – deine*.

1. ● Ich bin Paula. Und das ist ____ Bruder Max.
2. ● Ist das ____ Schwester? ▲ Nein, ____ Cousine.
3. ● Wer ist das? ▲ Das sind ____ Großeltern.
4. ● Sind das ____ Eltern? ▲ Ja.
5. ● Wo wohnt ____ Onkel? ▲ In Berlin.

____ /6 Punkte

45–36 Punkte ☺	35–23 Punkte 😐	22–0 Punkte ☹
Super. Du bist fit!	Na ja. Du musst noch üben.	Oje! Noch viel üben!

gesamt ____ /45 Punkte

Sieh nach, wie gut du schon bist ...

Schule

3

a **Schreib die Wörter an die richtige Stelle.**

Deutsch | Mathematik | Rucksack | Musik | Informatik | Englisch | Physik | Sport | ~~Sportsachen~~ | Geografie | Biologie | Block

Schulfächer

____

____

____

____

____

Schulsachen

Sportsachen, _______________

____

____

b **Du kennst schon viele Wörter und Sätze.**

Personen in der Schule

Klasse, _______________

____

Das machst du in der Schule

____

____

einen Vorschlag machen und ablehnen

Ich _______________ Tennis spielen.

Möchtest _______________

Nein, ich _______________

____

7 Unterricht

1 Schreib die Schulfächer ins Kreuzworträtsel.

← KB 2-3

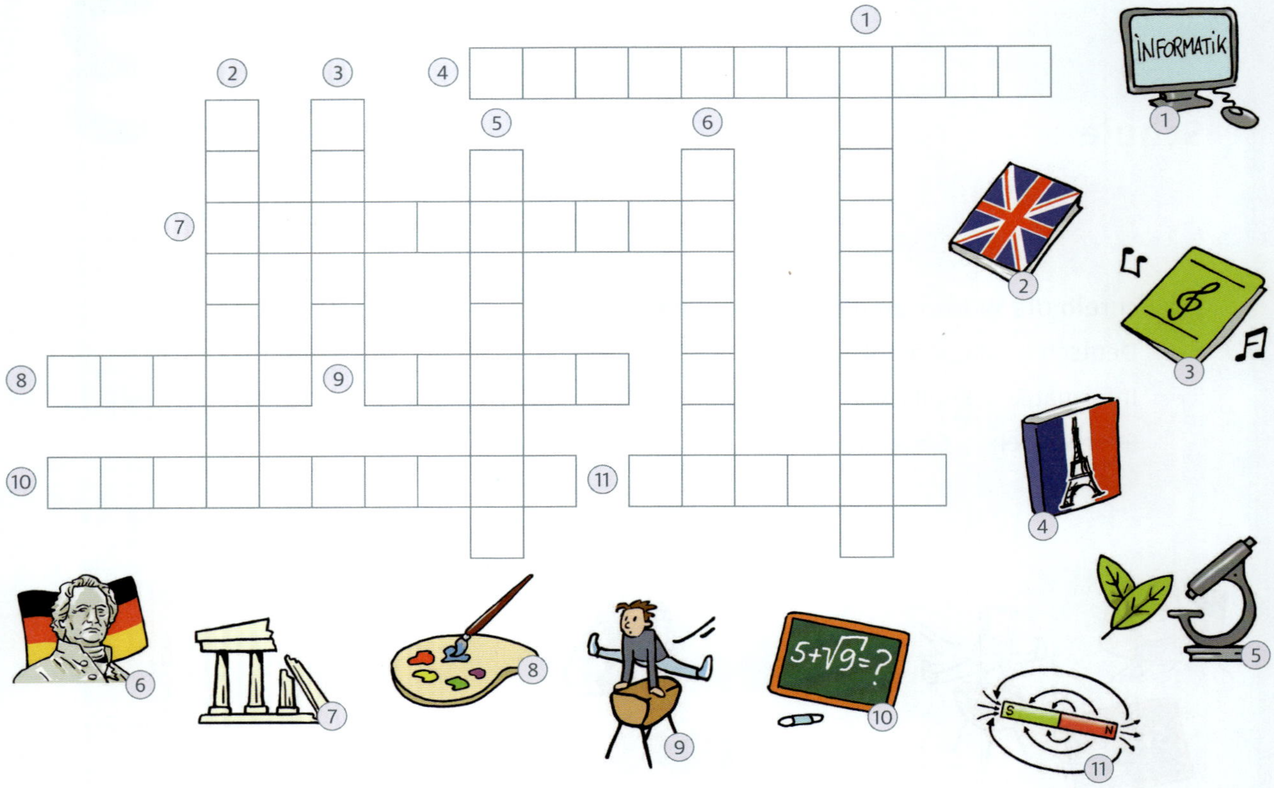

2 a Schulfächer: Schreib die Purzelwörter richtig.

← KB 2-3

1. stGiceheh c = Geschichte
2. aeeGgiofr = ______
3. Ehikt = ______
4. Ceehim = ______
5. adeiklnoSuz = ______
6. egiilnoR = ______

b Welche Fächer sind das? Schreib die Zahlen aus **a**.

3 a Partnerübung: Schreib Fragen für deinen Partner.

← KB 2-3

Frage	*Antwort*
1. Magst du Mathematik?	______
2. Findest du ______ gut?	______
3. Findest du ______ doof?	______
4. Wie findest du ______?	______
5. ______?	______

b Tauscht die Arbeitsbücher und schreibt die Antworten.

4 Schreib die Wörter ins Kreuzworträtsel. Hör die ö-Wörter zur Kontrolle.

3/09 Zu schwer? Dann hör zuerst die Wörter.

← KB 4

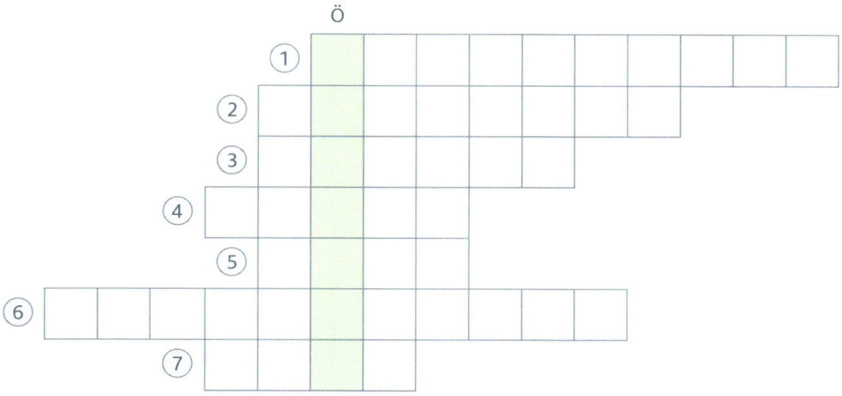

1. Wien ist in (1)
2. (2) du Tee?
3. Nein, ich (3) Milch.
4. Paul ist (4) (12) Jahre alt.
5. Ich (5) gern Musik.
6. „Oui“ ist (6) und heißt „ja“.
7. Max macht nicht gern Sport. Er findet Sport (7).

5 Suche die Wochentage und schreib sie in der richtigen Reihenfolge auf.

← KB 5

G	K	M	I	T	T	W	O	C	H	F
E	S	O	N	N	T	A	G	S	H	R
D	O	N	N	E	R	S	T	A	G	E
Z	U	T	W	X	O	R	N	F	L	I
O	S	A	M	S	T	A	G	V	B	T
M	D	G	E	N	K	G	T	Z	I	A
A	R	W	D	I	E	N	S	T	A	G

1. Montag
2. ______
3. ______
4. ______
5. ______
6. ______
7. ______

6 Was passt zusammen? Schreib die Buchstaben ins Lösungswort.

← KB 6-7

1. Was hast du in der dritten Stunde?
2. Wann hast du Sport?
3. Was hast du am Freitag?
4. Wie viele Stunden Musik hast du?
5. Was ist dein Lieblingsfach?
6. Warum hast du Angst?
7. Was für ein Tag ist heute?
8. Hast du in der sechsten Stunde auch Sport?

- I Heute ist Mittwoch.
- G Ich habe die Hausaufgabe nicht.
- N Sport, Deutsch, Mathe und Physik.
- T Am Montag.
- S Eine Stunde.
- D Mein Lieblingsfach? Kunst.
- A Nein, Kunst.
- E Sport.

Lösungswort:

5.	7.	1.	3.	4.	2.	8.	6.

7 Hör zu und ergänze den Stundenplan.

3/10
← KB 6-7

	Mo	Di	Mi	Do	Fr
1.	Deutsch	Englisch	Mathe		
2.		Geschichte		Sozialkunde	Mathe
3.	Geografie		Deutsch	Englisch	Biologie
4.	Physik	Deutsch	Französisch	Deutsch	
5.	Sport	Informatik		Mathe	Englisch
6.		Geografie	Religion/Ethik		Musik

8 Wer sagt was? Schreib die Zahlen zu den Sätzen.

← KB 8-9

☐ Er hat heute Sport. ☐ Was ist los? Hast du Angst? ☐ Ich habe fünf Geschwister.

9 Ergänze: *habe – hast – hat.*

← KB 8-9

1. Bastian ________________ heute sechs Stunden Unterricht.
2. Wie viele Stunden Deutsch ________________ du?
3. ● ________________ du Geschwister ▼ Ja, ich ________________ zwei Brüder.
4. Mia ist allein zu Hause. Sie ________________ Angst.

10 Hör zu. Ergänze die Sätze.

3/11
← KB 10

Ich bin ________________ . Das ist meine ________________ .

Und das ist mein ________________ für Montag.

Ich habe heute ____________ dann ____________ , ____________ und ____________ .

Und in der fünften und sechsten ________________ habe ich ________________ .

Zu schwer? Die Purzelwörter helfen dir.

cceeGhhist | denStu | oprSt | echlSu | adelnnnpStu | cDehstu | cehlrSü | cEghilns | acFhinörssz

1 a Was passt zusammen? Schreib die Zahlen ins Rechenrätsel.

← KB 1-3

A. Wie heißt die Neue in Klasse 6c?
B. Wer ist Pauline?
C. Wie viele Freunde hat Tim?
D. Was hat Klasse 6c jetzt?
E. Wer kommt?
F. Was spielt Frau Lehmann gut?
G. Wie findet Pauline Frau Lehmann?

1 Musik.
2 Frau Lehmann.
3 Pauline.
4 Drei Freunde, Max, Eva und Jan.
5 Tims Cousine.
6 Super.
7 Gitarre.

Rechenrätsel: ___ + ___ − ___ − ___ + ___ + ___ − ___ = 6
A. B. C. D. E. F. G.

b Mach Sätze aus Frage und Antwort. Dann entsteht eine kleine Geschichte. Schreib in dein Heft.

Die Neue in der Klasse 6c heißt …

2 Finde drei kleine Dialoge (immer zwei Teile). Schreib sie in dein Heft.

← KB 1-2

Was habt ihr heute in der ersten Stunde? | Was macht ihr in Kunst? | Habt ihr heute Kunst? | Kunst. | Wir malen. | Heute? Nein, wir haben am Mittwoch Kunst.

3 a Was ist falsch? Streiche durch.

← KB 3-4

1. Wie viele Schüler sind/seid ihr?
2. Wir sind/seid zwölf Jungen und elf Mädchen.
3. Was macht/machen ihr in Sport?
4. Wir turnt/turnen und spielen/spielt Fußball.
5. Und in Englisch? Schreiben/Schreibt ihr viel?
6. Wir sprechen/sprecht und lesen/lest viel, aber wir schreiben/schreibt nich t so viel.

b Schreib die Sätze richtig in dein Heft.

Meine Schule ist …

4 a Und jetzt du. Beantworte die Fragen.

← KB 3-4

1. Wo ist deine Schule? *In* ______________________
2. Wie viele Schüler seid ihr? ______________________
3. Wie viele Jungen und Mädchen? ______________________
4. Wie heißt dein/e Klassenlehrer/in? ______________________
5. Wann habt ihr Deutsch? ______________________
6. Was macht ihr in Deutsch? ______________________

b Schreib ganze Sätze in dein Heft.

5 a Ergänze die Tabelle.

← KB 5-6

	machen	arbeiten	lesen	sprechen	haben	sein
ich						bin
du	machst					
er/es/sie		arbeitet				
wir			lesen			
ihr				sprecht		
sie					haben	

b Schreib zehn Sätze in dein Heft.

Wir machen … / Du … gern. / Papa … im … / … .

ENTDECKE DIE GRAMMATIK

Ergänze die Tabelle und die Regel.

Infinitiv						
hör-en	wir	hören	ihr	______	sie/ viele	______
schreib-en		______		schreibt		______
heiß-en		______		______		______

wir: *Verb-Basis* + ____
ihr: *Verb-Basis* + ____
sie/viele: *Verb-Basis* + ____

Infinitiv:
wir: *Verb-Basis* + ____
sie *(Plural)*:

6 a Schreib den Brief richtig in dein Heft.
Vergiss die Satzzeichen (.) und (,) nicht.

← KB 5-6

LIEBETANTEANNA
ICHBINDOCHJETZTINFRANKFURTMEINEKLASSEISTSEHRNETTWIRSINDELFJUNGENUND
FÜNFZEHNMÄDCHENWIRHABENVIERSTUNDENMATHEABERDASGEHTWIRHABENAUCH
VIERSTUNDENFRANZÖSISCHWIRSPRECHENFRANZÖSISCHABEREINJUNGESPRICHTIMMER
ENGLISCHDASISTKOMISCHWIRLESENUNDSCHREIBENUNDWIRSPIELENUNDLACHENVIEL
TSCHÜSSDEINEMARIA

b Tante Anna erzählt Onkel Pedro von dem Brief.
Schreib den Text in dein Heft.

Maria ist doch jetzt in … /
Marias Klasse ist … / Sie sind …

Meine Schulsachen

1 Hör die Wörter und ergänze die Buchstaben. Schreib die Buchstaben ins Lösungswort.

3/12
← KB 2-3

1. Blei_S_tift
2. Bu__h
3. __eft
4. Radierg__mmi
5. Ku__i
6. Ruck__ack
7. Bl__tt
8. Tas__he
9. Mäppc__en
10. Sch__re
11. Tur__schuhe

Lösungswort:

1.	2.	3.	4.	5.	6.	7.	8.	9.	10.	11.
S										

2 Was passt nicht? Streiche durch.

← KB 2-3

1. Mathematik: Lineal ▪ Sportsachen ▪ Block ▪ Bleistift
2. Französisch: Heft ▪ Buch ▪ Schere ▪ Füller
3. Kunst: Kuli ▪ Schere ▪ Farbstifte ▪ Blatt
4. Sport: Turnschuhe ▪ Mäppchen ▪ Tasche ▪ Sportsachen

3 Verbinde die Dominosteine.

← KB 2-3

*	Radiergummi

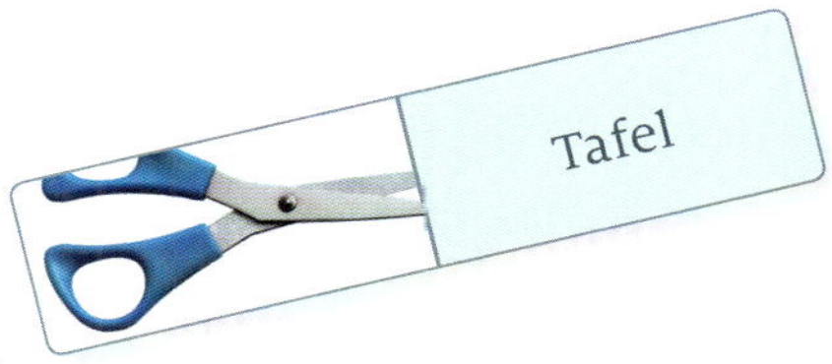

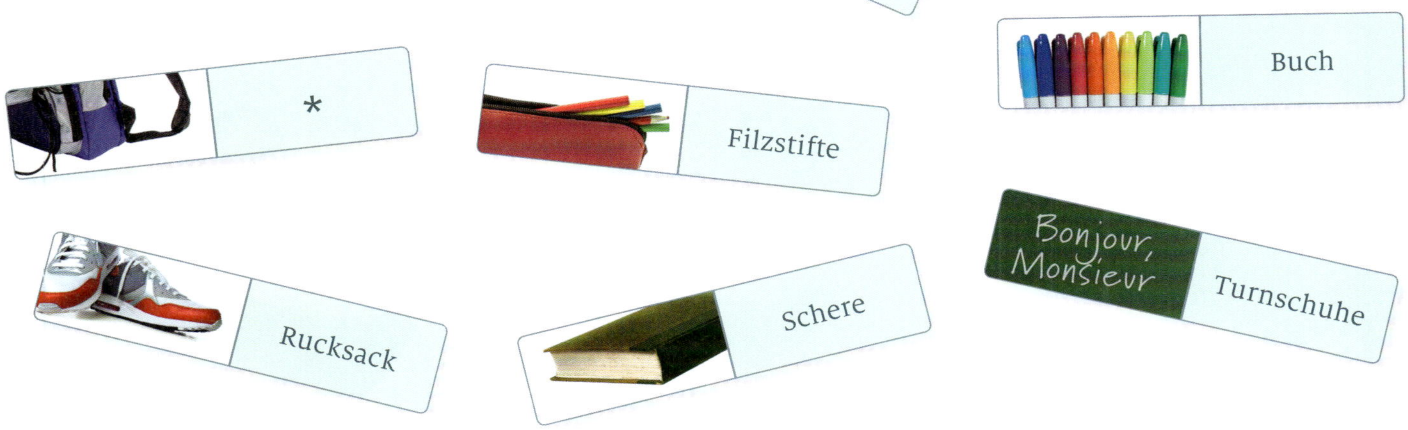

4 a Schreib die Wörter aus dem Domino an die richtige Stelle.

← KB 4-5

Das ist			Das sind
ein	ein	eine	---
Radiergummi			

b Schreib in jede Spalte noch ein passendes Wort.

5 Welche Antwort passt? Kreuze an. Schreib die Buchstaben ins Lösungswort.

← KB 4-5

1. ● Wo ist dein Heft?
   - L ▲ Hier ist mein Heft.
   - K ▲ Hier ist dein Heft.
   - F ▲ Hier ist ein Heft.
2. ● Meine Tasche ist nicht da.
   - S ▲ Wo ist meine Tasche?
   - R ▲ Eine Tasche ist nicht da.
   - K ▲ Hier ist eine Tasche.
3. ● Sind das deine Filzstifte?
   - A ▲ Das sind Filzstifte
   - I ▲ Ja, das sind meine Filzstifte.
   - E ▲ Ja, das sind Filzstifte.
4. ● Das ist ein Block.
   - U ▲ Nein, das ist ein Heft.
   - O ▲ Ja, das ist ein Heft.
   - A ▲ Nein, das ist mein Block.

Lösungswort:

2.	4.	1.	3.

6 Ergänze: *ein, eine* oder – .

← KB 4-5

1. ● Wo ist denn ________ Lineal? ▲ Hier.
2. ● Was ist das denn? ▲ ________ Tasche.
3. ● Das sind ________ Filzstifte. ▲ Wirklich?
4. ● Hier ist ________ Kuli. ▲ Nein, das ist ________ Füller.
5. ● Mein Heft ist nicht da. ▲ Hier ist ________ Blatt.
6. ● Sind das ________ Turnschuhe? ▲ Ja klar.

7 Finde den Weg.

← KB 6

Wo ist dein Heft?

Es ist nicht da. ←	Er ist nicht da.
Und dein Block?	Und mein Block?
Er ist auch nicht da.	Sie ist auch nicht da.
Sehr gut! Hier ist ein Blatt.	Aha! Hier ist ein Blatt.
Danke.	Bitte.
Wir lesen. Wo ist dein Füller?	Wir schreiben. Wo ist dein Füller?
Ich weiß nicht. Er ist nicht da.	Ich weiß nicht. Es ist nicht da.
Und ein Bleistift?	Und eine Schere?
Auch nicht.	Ich auch nicht.
Sieh doch mal nach. Wo sind denn deine Sportsachen?	Sieh doch mal nach. Wo ist denn deine Tasche?
Sie ist zu Hause.	Sie sind zu Hause.
Oje!	Super! Bravo!

8 a Was ist richtig? Was ist falsch? Kreuze an.

← KB 6-8

	richtig	falsch
① Nummer 1 ist eine Schere.	☐	☐
② Nummer 2 sind Turnschuhe.	☐	☐
③ Nummer 3 ist ein Buch.	☐	☐
④ Nummer 4 ist ein Bleistift.	☐	☐
⑤ Nummer 5 ist eine Tasche.	☐	☐

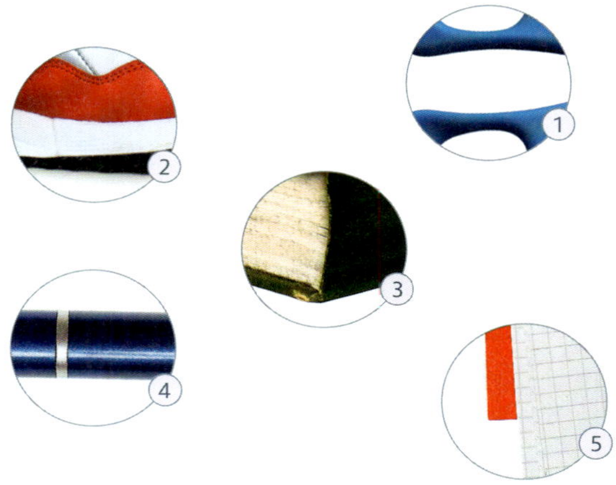

b Schreib Sätze in dein Heft.

Nummer ... ist/sind ein/eine/– ...
Nummer ... ist/sind kein/keine/keine

9 Korrigiere die Sätze. Schreib sie in dein Heft.

← KB 6-8

1. Paula ist ein Junge.
2. Papa ist eine Frau.
3. Leo ist ein Mädchen.
4. Mama ist ein Junge.
5. Opa ist ein Mädchen.
6. Eine Klasse ist eine Familie.
7. Oma ist eine Frau.
8. Timo und Tom sind Mädchen.

1. Paula ist kein ...

10 Schreib die Sätze richtig.

← KB 9-10

1. spielen ▪ Ihr ▪ möchtet ▪ Tennis ______________________.
2. möchte ▪ Ich ▪ mitspielen ▪ nicht ______________________.
3. Judo ▪ Der Junge ▪ lernen ▪ möchte ______________________.
4. hören ▪ Musik ▪ Wir ▪ möchten ______________________.
5. nicht ▪ möchte ▪ Jana ▪ schlafen ______________________.

ENTDECKE DIE GRAMMATIK

Schreib die Sätze 4 und 5 aus 10 in das Schema.
Ergänze die Regel.

	Position 2		*Ende*
Oma	möchte	Klavier	spielen.

Im Aussagesatz steht möcht- *auf* Position 2 *und der Infinitiv* am ______________.

11 Lesen: ein Brief

Toledo, 3. Oktober

Liebe Tanja,
du weißt, wir haben eine neue Schülerin. Sie heißt Maria und kommt aus Spanien. Wir sind schon gute Freundinnen. Ich bin jetzt mit Maria in Spanien, bei Marias Oma. Wir haben doch jetzt zwei Wochen Ferien. Die Schüler hier haben keine Ferien. Jetzt gehe ich in Spanien in die Schule. Du sagst jetzt sicher, in den Ferien in die Schule gehen ist doof. Aber es ist super! Mathe auf Spanisch – da verstehe ich ziemlich viel. Biologie und Geschichte auf Spanisch, na ja! Sie haben auch zwei Stunden Deutsch. Das ist interessant! Und in Geografie lernen sie gerade alles über Deutschland, auf Spanisch natürlich. Die Schüler fragen mich dann etwas, zum Beispiel „Wie heißt ‚Fráncfort' auf Deutsch?" – „Frankfurt natürlich", antworte ich. „Frankfurt", wiederholen alle. Die Klasse ist wirklich nett. Ich finde Spanien super!
Am Sonntag komme ich wieder nach Hause.

Bis dahin viele Grüße, Sofia

a Unterstreiche mit blau alles, was du verstehst. Siehst du? Du verstehst schon viel.

TIPP
Achte auf die Wörter, die du verstehst. Die anderen kannst du aus dem Kontext verstehen.

b Verstehst du die Sätze 1–4? Probier mal und kreuze an.

1. Wir haben zwei Wochen Ferien.
   - a 14 Tage Unterricht.
   - b 14 Tage keine Schule.
2. Mathe auf Spanisch
   - a Sie sprechen Spanisch im Matheunterricht.
   - b Sie sind in Spanien und machen Mathe.
3. Da verstehe ich viel.
   - a Spanisch, kein Problem. Ich weiß viel.
   - b Das ist interessant.
4. „Frankfurt" wiederholen alle.
   - a „Frankfurt" antwortet die Klasse.
   - b „Frankfurt" sagt die Klasse noch einmal.

12 Schreiben: eine E-Mail an die Partnerklasse

Partnerklasse gesucht!
Hallo! Wir sind die Klasse 7c aus Pilsen. Das ist in Tschechien. Wir sind zwölf Mädchen und dreizehn Jungen. Wir lernen Deutsch und Englisch. Wir haben drei Stunden Deutsch. Wir spielen oft in Deutsch. Das ist super. Was macht ihr in Deutsch? Spielt ihr auch? Wie viele Stunden Deutsch habt ihr? Wo seid ihr? In Deutschland? In Österreich? In der Schweiz? Schreibt bitte bald.
Tschüss, bis dann! Klasse 7c aus Pilsen

a Welche Informationen über die Klasse 7c findest du in der E-Mail? Unterstreiche mit rot.

b Was möchten sie über deine Klasse wissen? Unterstreiche die Fragen mit blau.

c Schreib Antworten auf die Fragen.

d Welche Informationen möchtest du noch geben? Die Sätze aus der E-Mail helfen dir.

e Bring die Sätze in die richtige Reihenfolge.

f Schreib einen Anfang und einen Schluss.

Hallo, ...
Tschüss / Bis dann / ...

Das habe ich gelernt 7 8 9

bitte ankreuzen

hier falten

Zeit Stunde	Montag
1.	Physik
2.	Musik
3.	Deutsch
4.	Kunst
5.	Mathe
6.	Sport

einen Stundenplan lesen

Was ______ heute ______ ?

In der ______

______ Physik ______ ,

in der ______

______ ,

in ______

______ ,

in ______

______ ,

in ______

______ ,

und in ______

______ .

Wann ______ ihr Sport ______ ?

Am ______ .

Was habt ihr heute

In der ersten Stunde

Physik

in der zweiten

Stunde ...

in der dritten

Stunde ...

in der vierten

Stunde ...

in der fünften

Stunde ...

und in der sechsten

Stunde ...

Wann habt ihr Sport

Am Montag

einen Vorschlag machen und ablehnen

Wir möchten ______

______

______

Möchtest ______

______ ?

Hast ______ ?

Das ist ______ , aber ______

______

______

Ich habe ______ .

Ich möchte ______

______

______

Wir möchten heute

Tennis spielen/

Hausaufgaben machen/...

Möchtest du mitspielen/

mitmachen/...

Hast du Lust

Das ist nett, aber ...

(ich bin müde/gehe

nach Hause/...)

Ich habe keine Lust

Ich möchte (nur

noch) schlafen/

nach Hause gehen/...

hier falten

bitte ankreuzen

Deutsch, Englisch
Französisch
Mathematik, Physik
Chemie, Informatik
Biologie, Geschichte
Geografie,
Sozialkunde/Politik
Religion/Ethik, Sport
Kunst, Musik

Schulfächer

Montag, Dienstag
Mittwoch, Donnerstag
Freitag, Samstag
Sonntag

Wochentage

sprechen, lesen
schreiben, malen
zeichnen, turnen
laufen, rechnen, spielen

Aktivitäten in der Schule

sprechen, lesen

Bleistift, Füller
Kuli, Radiergummi
Block, Rucksack
Heft, Buch
Lineal, Blatt
Mäppchen, Tasche
Schere, Tafel
Farbstifte, Filzstifte
Sportsachen,
Turnschuhe

Schulsachen

1 Kommunikation: Schreib die Sätze an die richtige Stelle.

Was lernst du da? | Am Montag. | Was möchtest du essen? | Möchtest du mitspielen? | Nein, ich habe keine Lust. | Ich möchte Pizza. | Was machst du jetzt? | Ach, ich bin so müde. | Ich gehe nach Hause. | Englisch. | Wann habt ihr Sport? | Was ist denn los?

A

___

___

B

___

___

C

___

___

D

___

___

E

___

___

F

___

___

____ /12 Punkte

2 Wortschatz: Was kommt vorher? Was kommt dann? Schreib die Wochentage.

1. Dienstag Mittwoch ____
2. ____ Sonntag ____
3. ____ Freitag ____

____ /5 Punkte

3 Wortschatz: Was passt nicht? Streiche durch.

1. Filzstifte ▪ Bleistift ▪ Schere ▪ Farbstifte
2. Füller ▪ Tafel ▪ Kuli ▪ Bleistift
3. Radiergummi ▪ Heft ▪ Blatt ▪ Block
4. Rucksack ▪ Tasche ▪ Mäppchen ▪ Lineal
5. Sportsachen ▪ Turnschuhe ▪ Buch ▪ Sporttasche

____ /5 Punkte

4 Wortschatz: Schreib die Schulfächer ins Kreuzworträtsel.

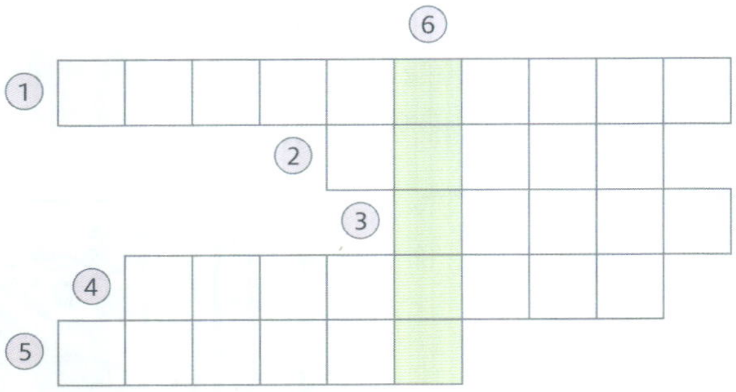

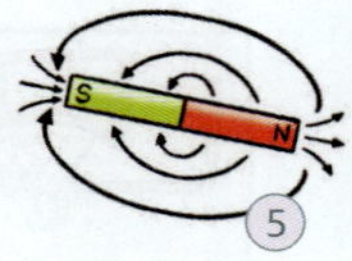

____ /6 Punkte

5 Grammatik: Ergänze die Sätze mit den Formen von *haben, sein, möcht–*.

1. ● Was ____________ ihr? ▲ Wir ____________ Saft.
2. ● ____________ du heute Biologie? ▲ Nein, ich ____________ Geografie.
3. ● Wie alt ____________ ihr? ▲ Wir ____________ zwölf Jahre alt.

____ /6 Punkte

6 Grammatik: Schreib die Sätze richtig.

1. Fußball ▪ Ich ▪ spielen ▪ möchte ____________.
2. gehen ▪ möchte ▪ jetzt ▪ Jan ____________.
3. Du ▪ lesen ▪ möchtest ▪ heute ____________.

____ /3 Punkte

7 Grammatik: Schau das Bild genau an und ergänze die Sätze.

1. Da ist ____________ Buch, aber ____________ Schere.
2. Da ist ____________ Rucksack und ____________ Tasche.
3. Da ist ____________ Tafel. Da ist auch ____________ Lineal.
4. Da ist ____________ Block und auch ____________ Füller.
5. Da sind ____________ Filzstifte.

____ /9 Punkte

8 Grammatik: Was ist falsch? Streiche durch.

1. Sprecht/Spricht ihr Englisch?
2. Wir schlaft/schlafen viel.
3. Die Schüler gehe/gehen mach Hause.
4. Ihr essen/esst gern Pizza.

____ /4 Punkte

50–40 Punkte ☺	39–25 Punkte 😐	24–0 Punkte ☹
Super. Du bist fit!	Na ja. Du musst noch üben.	Oje! Noch viel üben!

gesamt ____ /50 Punkte

Sieh nach, wie gut du schon bist …

Ausflug

4

a **Schreib die Wörter an die richtige Stelle.**

Banane | November | Pizza | Juli | Auto
Sportfest | Theater | Juni | Salat
Oktober | September | Bus | Dezember

Besondere Tage

____

____

Monate

____

____

____

____

____

____

Essen

____

____

____

Fahrzeuge

____

____

b **Du kennst schon viele Wörter.**

Timo geht in die

____

Klasse.

Ordinalzahlen

in der *ersten* Stunde Mathe
in der ______________ Stunde Musik
in der ______________ Stunde Deutsch
in der ______________ Stunde Kunst
in der ______________ Stunde Physik
in der ______________ Stunde Sport

Zeit Stunde	Montag
1.	*Mathe*
2.	*Musik*
3.	*Deutsch*
4.	*Kunst*
5.	*Physik*
6.	*Sport*

10 Was passiert im Schuljahr?

1 a Schreib die Wörter ins Kreuzworträtsel.

← KB 1-2

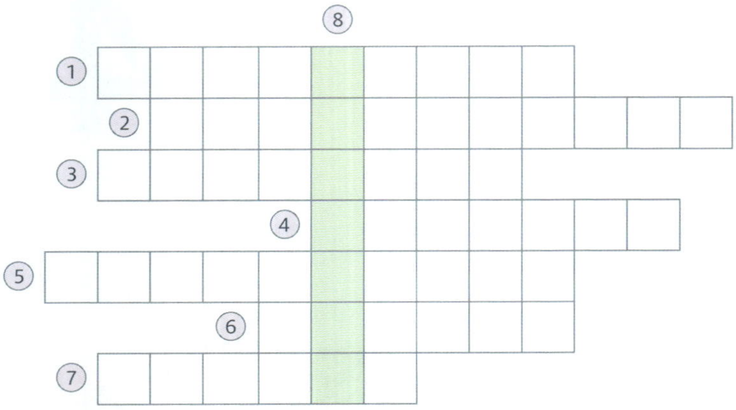

b Welche Glückwunschkarten sind das? Ergänze das Fest.

Frohe ______________ Frohe ______________ Alles Gute zum ______________

2 Was kommt vorher? Was kommt dann? Schreib die Monate.

← KB 3

1. ______________ Oktober November
2. ______________ März ______________
3. ______________ Juli ______________
4. ______________ April ______________
5. ______________ Dezember ______________

3 Korrigiere die Sätze.

← KB 3-4

1. Weihnachten ist immer im Juli. Nein, im ... .
2. Karneval ist im Oktober und November. ______________ .
3. Ostern ist im August oder September. ______________ .
4. Silvester ist immer im Mai. ______________ .

4 Schreib das Datum in Worten.

← KB 5

1. Heute ist der ______________ Mai.
2. Heute ist der ______________ Mai.
3. Heute ist der ______________ ______________ .
4. Heute ist der ______________ ______________ .

Zu schwer? Die Silben helfen dir.

drit | neun | zwan | zehn | drei | zig | ßig | te | te | ste | ste

5 Lies die Sätze 1–10 und füll das Logical aus. Beantworte dann die Fragen.

← KB 6

1. Daniel hat am vierten Februar Geburtstag.
2. Tom geht in die achte Klasse.
3. Mario hat am siebzehnten März Geburtstag und mag Ostern gern.
4. Sandro spielt Basketball und trinkt gern Cola.
5. Ein Junge trinkt gern Limo. Er geht in die sechste Klasse und spielt Gitarre.
6. Ein Junge geht in die siebte Klasse. Er mag Weihnachten und trinkt Saft.
7. Sandro hat nicht am achten September Geburtstag.
8. Daniel spielt nicht Fußball.
9. Ein Junge geht in die neunte Klasse und mag Karneval.
10. Ein Junge trinkt gern Tee.

Name				
geht in die ... Klasse				
hat am ... Geburtstag				
mag ...				
spielt ...				
trinkt gern ...				

Wer hat am neunten Juli Geburtstag? Wer mag Silvester? Wer spielt Klavier?

6 a Geburtstag: Ergänze das Datum in Worten.

← KB 7

1. Lena hat im Juni Geburtstag. – Nein, am *zwölften* *Mai* (12. Mai)
2. Eva hat im August Geburtstag. – Nein, am ______________ ______________ (20. Juli)
3. Linus hat im März Geburtstag. – Nein, ______ ______________ ______________ (10. April)
4. Jan hat im Juli Geburtstag. – Nein, ______ ______________ ______________ (30. Juni)
5. Pia hat im Mai Geburtstag. – ______ ______ ______________ ______________ (17. Mai)

b Und jetzt du: Wann hat deine Familie Geburtstag?

Mein/Meine .... hat am .... Geburtstag.
Tante/Onkel .... hat ...

7 a Was gehört zusammen? Mach Pfeile.

← KB 8-10

1. drei Uhr 2. Viertel vor vier 3. zwanzig nach zwei 4. halb drei 5. Viertel nach vier

b Schreib die Buchstaben aus a ins Lösungswort und zeichne die Zeiger.

Lösungswort: Es ist halb ☐☐☐☐☐
1. 2. 3. 4. 5.

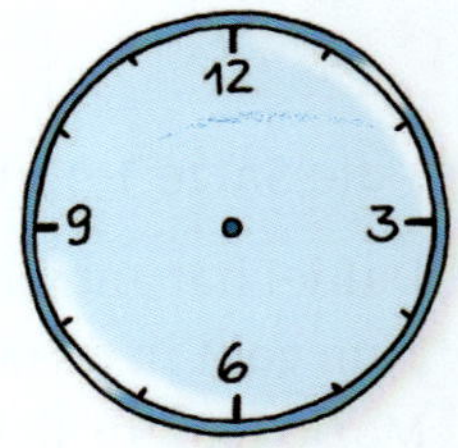

8 Schreib die Uhrzeiten.

← KB 8-10

1. Es ist ______
2. ______
3. ______
4. ______
5. ______

9 Was passt zusammen? Schreib die Buchstaben ins Lösungswort.

← KB 8-10

1. Wann kommt Max heute?
2. Wie spät ist es?
3. Kommt Tante Pia um halb drei?
4. Was für ein Tag ist heute?
5. Wann hat Jana Geburtstag?
6. Du kommst doch heute früher, oder?

E Am sechsten Mai.
B Der vierte Mai.
N Ja, um halb zwei.
I Halb sechs.
E Um halb drei? Nein, später.
S Um halb vier.

Lösungswort: ▼ Wann kommst du nach Hause?
● Um ☐☐☐☐☐☐
1. 2. 3. 4. 5. 6.

10 Finde den Weg.

← KB 11-12

Hallo, Mia. Wir spielen heute Volleyball. Spielst du mit?

Ach nein. ←	Na und?
Warum nicht? Hast du keine Lust?	Warum? Hast du Lust?
Also gut. Ich darf nicht.	Na ja, ich darf nicht.
Warum darfst du denn nicht mitspielen?	Warum möchtest du denn nicht mitspielen?
Ich habe eine Eins in Englisch.	Ich habe eine Sechs in Englisch.
Und was spielst du heute?	Und was machst du heute?
Ich lerne Englisch. Klar!	Ich darf nicht Englisch lernen.

11 a Ergänze die Tabelle.

← KB 11-12

	ich	du	er/es/sie	wir	ihr	sie *(Plural)*
dürfen						
möcht-						

b Schreib Sätze in dein Heft.

*Ich möchte heute Tennis spielen.
Aber ich darf nicht. …*

12 a Ergänze die E-Mail. Schreib die Zahlen ins Rechenrätsel.

← KB 11-12

Liebe Oma,
du weißt, ich (a) nicht gern Sport in der Schule. Sport bei Frau Meier ist so doof. Wir (b) Fußball spielen, aber wir (c) nicht. Immer nur Gymnastik! Aber jetzt (d) wir Frau Weber. Sie ist so nett. Zum Beispiel: Ich (e) Basketball spielen, Tina auch. Aber die Klasse (f) Volleyball spielen. Und was (g) wir? Wir (h) Basketball und Volleyball spielen. Na ja, wir (i) auch manchmal Gymnastik. Aber ich (j) Gymnastik doof. Ich (k) dann manchmal Pause machen. Wir (l) Sport bei Frau Weber toll.
Liebe Grüße auch an Opa,
Deine Laura

1 mache | 2 machen (2x) | 3 möchten | 4 möchte (2x) | 5 darf | 6 dürfen (2x) | 7 finde | 8 finden | 9 haben

Rechenrätsel: 1 (a) + ___ (b) + ___ (c) + ___ (d) – ___ (e) – ___ (f) + ___ (g) + ___ (h) + ___ (i) + ___ (j) – ___ (k) – ___ (l) = 15

b Opa möchte wissen, was Laura schreibt.
Wandle den Text um und schreib in dein Heft.
Zu schwer? ich → Laura, wir → sie

Das sagt Oma: „Du weißt, Laura macht nicht so gern … "

Kommt, es geht los!

1 Was gehört zusammen? Mach zehn Paare.

← KB 1

Stadt | Pferd | Bus | Straße | Wald | Auto | Tiere | Baum | Fluss

Haus | Schiff | See | Garten | Dorf | Insel | Blumen

1. Auto und Bus ______ oder ______ Auto und Straße
2. ______ und ______ ______
3. ______ ______
4. ______ ______
5. ______ ______
6. ______ ______

2 Schreib die Wörter aus 1 in die Tabelle.

← KB 1

Das ist			Das sind
ein	ein	eine	---

3 Schreib die Farben ins Kreuzworträtsel.

← KB 2

4 a Ergänze den Dialog. Hör den Dialog zur Kontrolle.

3/13 Zu schwer? Dann hör zuerst den Dialog.

← KB 3-4

Tut mir leid. Der Block ist nicht da. | Ich weiß nicht. | Danke. | Er ist aber nicht da.

▲ Tom, wo ist dein Block?

◆ ______________________________

▲ Wie bitte? Du weißt nicht?

◆ ______________________________

▲ Das gibt's doch nicht!

◆ ______________________________

● Hier ist ein Blatt.

◆ ______________________________

b Schreib noch einen Dialog mit:

Farbstifte → Filzstifte

5 Ergänze: *ein/der – ein/das – eine/die – -/die*.

← KB 3-4

1. ▲ Was ist das denn? ____________ Buch?
   ◆ Ja. Und ____________ Buch ist super.
2. ▲ Wer ist das denn? ____________ Lehrerin?
   ◆ Ja klar. Frau Dorfer, ____________ Mathelehrerin.
3. ▲ Wo sind denn nur ____________ Turnschuhe?
   ◆ Hier sind ____________ Turnschuhe. Sind das deine?
4. ▲ Ist das ____________ Füller oder ____________ Kuli?
   ◆ ____________ Füller. ____________ Füller schreibt sehr gut.

6 a Schreib die Wörter an die richtige Stelle.

← KB 3-4

Auto | Blumen | ~~Bus~~ | Haus | Flasche | Rucksack | Straße | Tiere

der	das	die	die/viele
_ u _ _ _ a _ _	_ u _ o	_ _ a _ _ _ _	_ _ u _ _ _
B u s	_ _ u _	_ _ _ a _ _	_ _ e _ e

b Schau die Bilder an. Schreib Sätze in dein Heft.

Der Rucksack ist braun. / …

7 a **Was passt zusammen? Verbinde.**

← KB 5-6

1 He, warte mal!	A Die sind aber schön!
2 Sei ruhig!	B Ich komme ja schon.
3 Hier, nimm!	C Hier bitte.
4 Gib her!	D Was ist denn noch?
5 Komm mal bitte!	E Ja, ja. Pst!
6 Sieh mal!	F Danke.

b **Welche Sätze passen zu dem Bild? Schreib die Zahl und den Buchstaben.**

____ ____

8 **Ergänze die Sätze 1–6 aus 7a links in die Tabelle. Schreib dann rechts die Sätze im Plural.**

← KB 5-6

1.	He, warte mal!	He, wartet mal!
2.		
3.		
4.		
5.		
6.		

ENTDECKE DIE GRAMMATIK

Bilde den Imperativ.

		Imperativ Singular			*Imperativ Plural*
~~du~~ komm~~st~~	→	Komm!	~~ihr~~ kommt	→	Kommt!
~~du~~ wart~~est~~	→	Warte!	~~ihr~~ wartet	→	Wartet!
du gibst	→	!	ihr gebt	→	!

9 **Schreib drei kleine Dialoge.**

← KB 7-8

Nein, links, da ist das Dorf. | Oje, was machen wir denn dann? | Na gut. | Komm, wir gehen geradeaus. | Ich auch nicht. | Ja, richtig.

1. ■ Ich weiß den Weg nicht.
● ______________________
■ ______________________

2. ■ Hier rechts, oder?
● ______________________
■ ______________________

3. ■ Wohin gehen wir jetzt?
● ______________________
■ ______________________

1 Welche Antwort passt? Kreuze an. Schreib die Buchstaben ins Lösungswort.

← KB 2

1. Wo bist du?
   - E Hier.
   - A Wo?
   - O Ich.
2. Ist etwas passiert?
   - K Nein, etwas.
   - G Nein, keine Angst.
   - N Nein, das ist es.
3. Was ist passiert?
   - K Nein.
   - G Ja.
   - H Nichts.
4. Wann kommst du?
   - B Ich.
   - L Bald.
   - F Nicht.
5. Kommt ihr bald?
   - U Nein, nichts.
   - A Nein, bald.
   - I Ja, gleich.
6. Wer ist wir?
   - P Jan und du.
   - C Jan und ich.
   - R Jan.

Lösungswort: ___ ___ ___ ___ ___ ___
2. 4. 1. 5. 6. 3.

2 Was passt nicht? Streiche durch.

← KB 3

1. Apfel ▪ Banane ▪ Käse ▪ Obst
2. Würstchen ▪ Kartoffel ▪ Fisch ▪ Bratwurst
3. Brot ▪ Pizza ▪ Brötchen ▪ Salat

3 a Essen: Finde sechs Wörter im Plural.

← KB 3

A	D	F	W	B	H	K	E	L	I	T	Ä
N	X	W	Ü	R	S	T	C	H	E	N	P
Ä	S	B	R	Ö	T	C	H	E	N	K	F
L	Ü	C	S	J	T	Z	U	F	O	P	E
K	A	R	T	O	F	F	E	L	N	B	L
X	H	Z	E	B	A	N	A	N	E	N	I

b Partnerübung: Schreib Fragen für deinen Partner auf ein Blatt. Tauscht die Blätter und beantwortet die Fragen.

Frage	Antwort
Isst du gern …?	Ja/Nein, ich esse (nicht) gern …

4 Hör zu und kennzeichne die Wörter: langer Vokal = _ und kurzer Vokal = .

3/14
← KB 4

e → nehmt ▪ es ▪ sechs ▪ gebt ▪ jetzt

a → Ball ▪ Stadt ▪ Tag ▪ klar ▪ Blatt ▪ ja ▪ acht ▪ da

e → See ▪ nett ▪ Weg ▪ schnell ▪ Heft ▪ Tee ▪ zehn ▪ rechts

i → Fisch ▪ Schiff ▪ gib ▪ sie ▪ links ▪ wie ▪ nimm ▪ liest

o → wo ▪ komm ▪ Brot ▪ Sport ▪ Dorf ▪ rot ▪ froh ▪ toll

u → du ▪ Buch ▪ Fluss ▪ Lust ▪ Wurst ▪ gut ▪ bunt ▪ Uhr

5 a Was passt zusammen? Schreib die Buchstaben ins Lösungswort.

← KB 5-7

1. Hast du die Flasche?
2. Möchtest du den Apfel oder die Banane?
3. Wo ist der Kartoffelsalat?
4. Wer hat den Kartoffelsalat?
5. Gib mir bitte das Brötchen da.
6. Der Fisch ist fertig.

- U Hier ist er.
- M Paula.
- E Nein, das ist mein Brötchen.
- B Nein, die Flasche ist im Bus.
- N Ich möchte den Fisch.
- L Den Apfel, bitte.

Lösungswort: Wer hat die ☐☐☐☐☐☐ ?
1. 2. 3. 4. 5. 6.

b Schreib die Fragen und Antworten in dein Heft und schreib noch einen Teil dazu.

▲ Hast du die Flasche?
◆ Nein, die Flasche ist im Bus.
▲ Schade.

6 a Was ist falsch? Streiche durch.

← KB 5-7

1. Wann kommt der/den Bus?
2. Wie findest du der/den Sportlehrer?
3. Wo wohnt der/den Sportlehrer?
4. Hast du der/den Bleistift?
5. Wer hat der/den Radiergummi?
6. Isst du der/den Käse noch?
7. Möchtest du der/den Füller?
8. Ist das der/den Rucksack von Mia?
9. Wie heißt der/den Fluss da?
10. Woher ist der/den Junge?

b Schreib die Fragen richtig in dein Heft und schreib auch Antworten dazu.

ENTDECKE DIE GRAMMATIK

Ergänze die Artikel und die Regel.

	Nominativ	*Akkusativ*
maskulin		
neutral	das	
feminin		
Plural		die

Wo ist der ______ Apfel?	Ich möchte ______ Apfel.
Hier ist ______ Brot.	Du hast ______ Brot.
______ Tasche ist rot.	Nimm ______ Tasche.
______ Blumen sind bunt.	Gib mir ______ Blumen.

sein + ______

möcht-/haben/... + ______

7 a Ergänze die Tabelle.

← KB 5-7

	Fisch	Buch	Brot	Salat	Schere
Hier ist	der Fisch				
Hast du ... ?	den Fisch				
Nimm ... !					
Wo ist ... ?					
Ich möchte					

b Schreib fünf Fragen und fünf Sätze in dein Heft.

8 Schreiben: eine E-Mail an Tante Paula

Von: Paula
An: Sonja
Betreff: dein Geburtstag

Liebe Sonja,
du hast doch bald Geburtstag.
Was möchtest du denn?
Schreib mir bald.

Deine Tante Paula

3

Tasche rot
★★★★☆
EUR 46,95
☑

Rucksack rot
★★★★★
EUR 29,65
☑

Federmäppchen
★★★☆☆
EUR 09,46
☐

Koffer gelb
★★☆☆☆
EUR 35,48
☐

Jogginghose
★☆☆☆☆
EUR 14,95
☐

T-Shirt rot
★★★☆☆
EUR 23,35
☐

Turnschuhe
★★★★☆
EUR 42,58
☑

Tennisschläger
★★★☆☆
EUR 60,36
☐

a Lies Tante Paulas E-Mail. Unterstreiche die wichtigste Information mit rot.
Warum schreibt Tante Paula? Unterstreiche den Satz.

Sonja möchte viele Sachen zum Geburtstag. Sie hat die Sachen im Internet-Katalog angezeichnet. ☑

b Schreib Sätze in dein Heft. Verwende die Informationen aus der E-Mail und der Internet-Seite.

Sonja dankt Tante Paula für die ... / Sie hat am 9. Juni ... / Sie möchte viele Sachen, wie im Katalog.
Sie möchte die Tasche, ... und ... / Die Tasche ist rot, ... auch ... / Sonjas Lieblingsfarbe ist ...
Sie dankt noch einmal und grüßt Tante Paula

c Schreib Sonjas E-Mail. Formuliere die Sätze um.
Schreib die E-Mail in dein Heft. Kontrolliere:

Liebe Tante ..., / danke für ... / Ich habe ...

Kommt immer die Ich-Form vor?
Sind die Artikel richtig (Nominativ, Akkusativ)?
Sind die Sätze in einer sinnvollen Reihenfolge?
Gibt es einen Anfang und einen Schluss?

9 a **Hören: Hör die drei Szenen. Was haben sie gemeinsam?**

3/15-17 Die drei Szenen spielen ☐a zu Hause. ☐b am Telefon. ☐c in der Schule.

b **Hör die Szenen einzeln und füll die Tabelle aus.**

3/15-17

	Wer spricht?	Anruf für …?	Warum?	Datum
Szene 1			möchte	
Szene 2				
Szene 3				

c **Hör die Szenen noch einmal einzeln und beantworte die Fragen:**

3/15-17 Szene 1: Wie lange möchte Tante Helen bleiben?
Szene 2: Wie heißt die andere Schule?
Szene 3: Was für ein Tag ist der 12. Mai? Wann ist die Geburtstagsparty?

10 Lesen: eine Geschichte

TURNSCHUHE SIND NICHT IMMER GUT

1 „Hört mal, bitte", sagt Herr Wolf. Herr Wolf ist der Klassenlehrer der 7 c. „Am 25. Mai, also am nächsten Freitag, ist Ausflug." „Was machen wir denn?", fragt Theo. „Wir fahren mit dem Bus nach Steindorf. Und dann wandern wir etwa fünf Stunden." „Was? Fünf Stunden wandern? Oje!", jammert Tanja. „Nun hab dich nicht so," sagt Theo. „Sport macht fit." „Wir machen unterwegs Pause," sagt Herr Wolf. „ Nehmt also bitte zu essen und zu trinken mit. Und ganz wichtig: Zieht gute Schuhe an. Wir gehen immerhin fünf Stunden."

2 Am Freitag kommen die Schüler um acht Uhr in die Schule. Der Bus wartet schon. Sie fahren nach Steindorf. Dann geht es los. Tanja zeigt Theo ihre Schuhe. „Sieh mal Theo. Meine Turnschuhe. Sind sie nicht super? Und ganz neu." Theo sagt: „Sag mal, bist du verrückt? Neue Schuhe! Damit kannst du sicher nicht fünf Stunden wandern." „Quatsch", sagt Tanja, „Turnschuhe sind doch gut."

3 Nach zwei Stunden machen sie die erste Pause. Tanja hat Probleme mit den Schuhen. Aber sie sagt nichts. Alle essen und trinken: Brote, Brötchen, Obst. Und Saft oder Tee.

4 Wieder zwei Stunden später machen sie die zweite Pause. „Na, Tanja", fragt Theo, „wie geht es dir denn?" Tanja sagt nichts. „He, was ist denn los?", fragt Theo. „Hier nimm", sagt Theo und gibt Tanja eine Flasche Saft. Aber Tanja möchte nichts trinken. „Bist du müde?", fragt Theo. Tanja sagt nichts. „Ah, ich verstehe," sagt Theo, „deine Schuhe. Lass mal sehen." Theo zieht Tanja die Turnschuhe aus. Oje!

5 Da kommt Herr Wolf. Auch er sagt „oje" und holt Pflaster. Jetzt hat Tanja keine großen Probleme mehr. Sie steckt die Schuhe in die Tasche. Noch eine Stunde wandern, ohne Schuhe! Na ja.

a **Lies den Titel. Worum geht es in der Geschichte?**

TIPP
Wenn der Titel dir nicht hilft, lies den ersten Abschnitt.

b **Lies den ersten Abschnitt. Jetzt weißt du, worum es geht. Und? Hast du recht?**

c **Lies den ganzen Text. Unterstreiche mit blau alles, was du verstehst. Siehst du? Du verstehst schon viel.**

d **Finde für jeden Abschnitt eine Überschrift. Das hilft dir beim Verstehen.**

Das habe ich gelernt 10 11 12

bitte ankreuzen

hier falten

sich entschuldigen

______________________ !

______________________ bitte !

______________________ .

- Entschuldigung
- Entschuldige bitte
- Tut mir leid

das Datum erfragen und nennen und einen bestimmten Tag erfragen

Was ______________________

______________________ ?

______________________ .

Wann hat Thea Geburtstag ______________________ ?

______________________ .

- Was für ein Tag ist
- heute
- Der siebte Mai
- Wann hat Thea Geburtstag
- Am siebten Mai

nach der Uhrzeit fragen

Wie ______________________ ?

______________________ .

Wann ______________________ kommt der Bus ?

Um ______________________ .

____

____

____

- Wie spät ist es
- (Es ist) ein Uhr
- Wann kommt der Bus
- Um acht (Uhr)
- Viertel nach acht
- halb neun
- Viertel vor neun

einen Weg beschreiben

Wohin gehen wir ______________________ ?

→ ______________________ .

← ______________________ .

↑ ______________________ .

- Wohin gehen wir
- Nach rechts
- Nach links
- Geradeaus

Ordinalzahlen

1 – 1. eins – der erste

3 – 3. drei – der ______________________

18 – 18. ______________________ –

____

20 – 20. ______________________ –

____

30 – 30. ______________________ –

____

- eins – der erste
- drei – der dritte
- achtzehn –
- der achtzehnte
- zwanzig –
- der zwanzigste
- dreißig –
- der dreißigste

hier falten

bitte ankreuzen

Monate

Januar, Februar
März, April
Mai, Juni, Juli
August, September
Oktober, November
Dezember

Feste und besondere Tage

Weihnachten
Ostern
Geburtstag
Ausflug
Sportfest
Theater

Natur und Umgebung

Baum, Wald, Fluss
See, Insel, Haus
Tier/Tiere, Pferd
Blume/Blumen
Garten, Straße
Auto, Bus, Schiff

Farben

rot, blau, grün
gelb, braun, schwarz
weiß, lila, bunt

Essen

Salat, Kartoffelsalat
Käse, Fisch, Brot
Würstchen, Brötchen
Wurst, Kartoffel(n),
Obst: Apfel/Äpfel
Banane, Bananen

1 Kommunikation: Schreib die Sätze an die richtige Stelle.

Was für ein Tag ist heute? | Wann hat Jan Geburtstag? | Der achte Juni. | Halb fünf. | Kommst du mit? | Entschuldige. Hier bitte. | Am elften Mai. | Wie spät ist es? | Wann kommt Tennis? | Gib her! | Nein, ich bin müde. | Um drei.

A

____
____

B

____
____

C

____
____

D

____
____

E

____
____

F

____
____

_____ /12 Punkte

2 Wortschatz: Wie spät ist es? Schreib die Uhrzeit.

1. ______________________________

2. ______________________________

3. ______________________________

4. ______________________________

_____ /4 Punkte

3 Wortschatz: Schreib die Wörter an die richtige Stelle.

Apfel | Baum | Pferd | Bus | Fluss | Ostern

1. Weihnachten ______________________
2. See ______________________
3. Tier ______________________
4. Wald ______________________
5. Obst ______________________
6. Auto ______________________

_____ /6 Punkte

4 Wortschatz: Finde die sechs Monate und schreib sie an die richtige Stelle.

K	J	O	D	E	Z	E	M	B	E	R
A	U	G	U	S	T	Z	Ä	P	D	M
M	N	J	A	N	U	A	R	Ü	T	A
F	I	S	B	Ö	C	H	Z	L	N	I

1. ______ 6. ______
3. ______ 8. ______
5. ______ 12. ______

____ /6 Punkte

5 Grammatik: Ergänze links den Imperativ im Singular und rechts den Imperativ im Plural.

	He, Tina!	He, Jonas und Theo!
1.		Kommt mal bitte!
2.	Warte mal!	
3.		Seht mal!
4.	Sei ruhig!	

____ /4 Punkte

6 Grammatik: Ergänze die richtige Form von *dürfen*.

1. Wir ______ heute Tennis spielen.
2. ______ du mitkommen?
3. Ihr ______ nicht so spät nach Hause kommen.
4. Gabriel ______ Karate machen.
5. Ich ______ nicht mitspielen.

____ /5 Punkte

7 Grammatik: Was passt zusammen? Kreuze an.

	der Fisch	den Salat	das Brot	die Wurst	die Äpfel
Wer hat ... ?		X			
Wo ist ... ?					
Wo sind ... ?					

____ /7 Punkte

44–33 Punkte 🙂	32–22 Punkte 😐	21–0 Punkte 🙁
Super. Du bist fit!	Na ja. Du musst noch üben.	Oje! Noch viel üben!

gesamt ____ /44 Punkte

Sieh nach, wie gut du schon bist ...

Start Deutsch – international

die Gitarre, -n		
die Jeans, -		
die Pizza, -s		
das Telefon, -e		
das Paket, -e		
der Zirkus, -se		
der Zoo, -s		
der Supermarkt, ⸚e		
die Disco, -s		
die Information, -en		
die Post, (nur Sg.)		
die Bibliothek, -en		
der Meter (m), -		drei Meter
der Kilometer (km), -		zwei Kilometer
das Gramm (g), -		zehn Gramm
das Kilogramm (kg), -		zehn Kilogramm

Länder

Deutschland  Österreich  die Schweiz  Liechtenstein 

in		In Deutschland spricht man Deutsch.
ja		↔ nein
nein		↔ ja

Lektion 1 Vor dem Rockkonzert

das Quiz, -		Musik-Quiz
die Musik, (nur Sg.)		Emmas Musik
Hallo		Hallo, Hanna.
heiße → heißen		Ich heiße Heike.
heißt → heißen		Wie heißt du?
bist → sein		Wer bist du?

!

bin → sein	___	Ich bin Heiko.
und	___	Heike und Heiko
du	___	Und du?
ich	___	Ich bin Heiko.
wie	___	Wie heißt du?
wer	___	Wer bist du?
Na so was!	___	Heike und Heiko! Na so was!

Begrüßungen

die Frau, -en	___	Guten Tag, Frau Weiß.
der Herr, -en	___	Guten Abend, Herr Held.
die Karte, -n	___	meine Karte, deine Karte

Zahlen von 1 bis 20

eins **1**	zwei **2**	drei **3**	vier **4**
___	___	___	___
fünf **5**	sechs **6**	sieben **7**	acht **8**
___	___	___	___
neun **9**	zehn **10**	elf **11**	zwölf **12**
___	___	___	___
dreizehn **13**	vierzehn **14**	fünfzehn **15**	sechszehn **16**
___	___	___	___
siebzehn **17**	achtzehn **18**	neunzehn **19**	zwanzig **20**
___	___	___	___

die SMS, -		
dran sein		Du bist dran.
richtig		↔ falsch
falsch		↔ richtig

Lektion 2 Das Rockkonzert

oder		Heißt du Sara oder Maria?
der Name, -n		Name: Hanna.
die Pause, -n		

eine Meinung sagen

super 

toll 

gut 

nicht so gut 

Na ja. 

Es geht. 

blöd 

doof 

findest → finden		Wie findest du Gajo?
finde → finden		Ich finde Gajo super.
magst → mögen		Magst du Gajo?
mag → mögen		Ich mag Pop.
auch		Magst du auch Techno?
was		Was magst du?
die Frage, -n		↔ Antwort
die Antwort, -en		↔ Frage

Lektion 3 Nach dem Konzert

am Kiosk		
der Saft, ¨-e		
der Kaffee, -s		
der Tee, -s		
das Wasser/ Mineralwasser, (nur Sg.)		
die Limo, -s = die Limonade, -n		
die Cola, -s		
die Milch, (nur Sg.)		
möchtest → möcht-		Möchtest du Milch?

!

also	Also, was möchtest du?
möchte → möcht-	Ich möchte Milch.
bitte	↔ danke
danke	↔ bitte
zweimal	Zweimal Milch, bitte.
trinkst/trinke → trinken	Trinkst du Milch? Ich trinke Milch.
gern	Ich trinke gern Milch.
manchmal	Ich trinke manchmal Milch.
hörst/höre → hören	Was hörst du? – Ich höre Musik.
der Sport, (nur Sg.)	
machst/mache → machen	Machst du Sport? – Ja, ich mache Judo.
das Klavier, -e	
das Theater, -	
der Fußball, ¨-e	
spiele → spielen	Ich spiele gern Fußball. Und auch Klavier.
schön	Oh, Klavier, schön!
Ja, klar!	Machst du Sport? – Ja klar!
sehr	Ich mache sehr gern Sport.
viel	Du machst aber viel.
sag → sagen	Sag mal!
Wie alt bist du?	Wie alt bist du? – Ich bin 14.
das Jahr, -e	Ich bin 14 Jahre alt.
das Tennis	Ich spiele gern Tennis.
lieben	Ich liebe dich.
nach Hause gehen	Ich gehe jetzt nach Hause.
Auf Wiedersehen!	Tschüss und auf Wiedersehen!
Tschüss!	Tschüss und auf Wiedersehen!
Wie bitte?	Servus. – Wie bitte?
sprichst → sprechen	Sprichst du Deutsch?
das Deutsch, (nur Sg.)	Du sprichst Deutsch, oder?

Die Familie

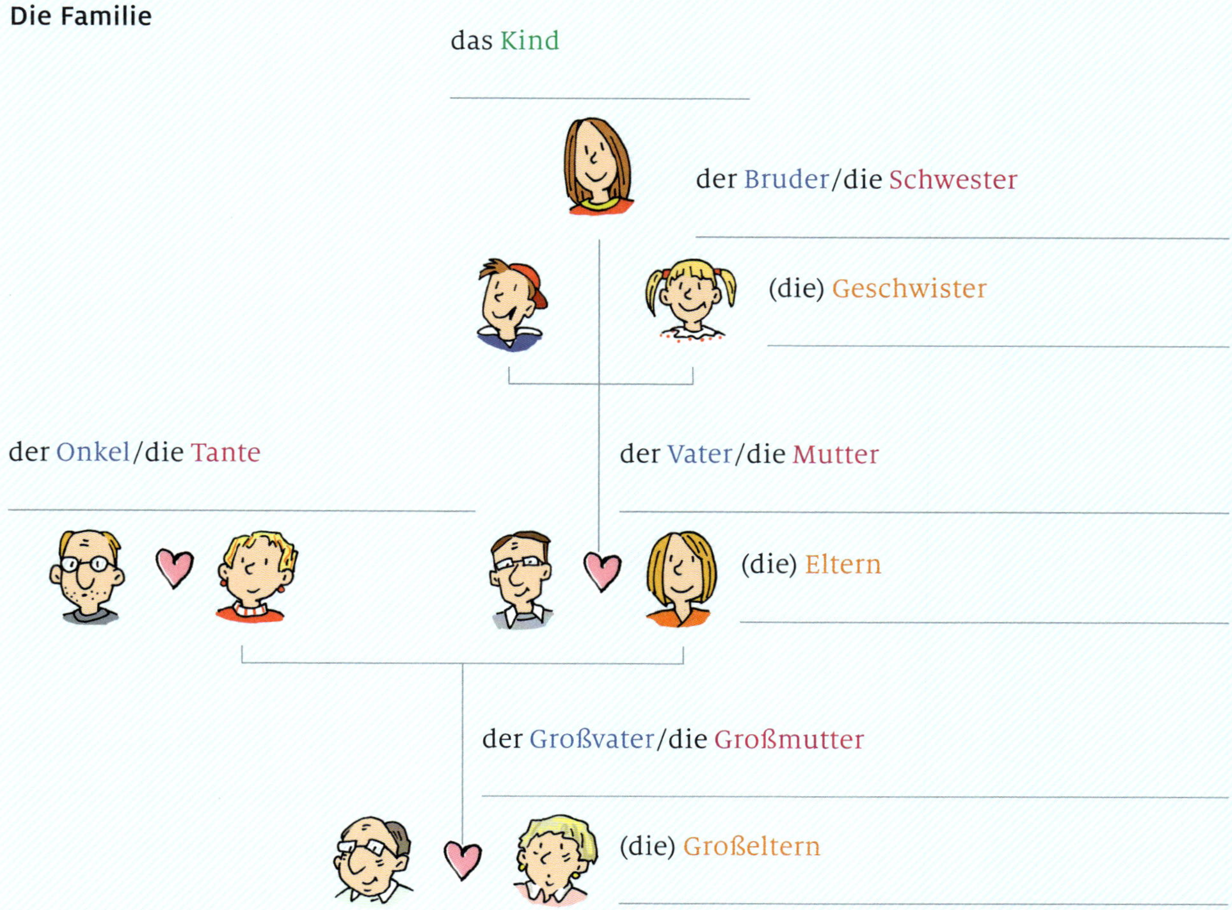

mitmachen ______ Ich möchte mitmachen.

Zahlen von 20 bis 1000

20 zwanzig	21 einundzwanzig	22 zweiundzwanzig	23 dreiundzwanzig
24 vierundzwanzig	25 fünfundzwanzig	26 sechsundzwanzig	27 siebenundzwanzig
28 achtundzwanzig	29 neunundzwanzig	30 dreißig	40 vierzig

!

50 fünfzig	60 sechzig	70 siebzig	80 achtzig
90 neunzig	100 (ein)hundert	200 zweihundert	1000 (ein)tausend

Lektion 5 Familie Hofmann möchte mitmachen

ist → sein		Wie alt ist Tante Anne?
weißt → wissen		Das weißt du doch.
sie (Sg.)		Das ist Tante Anne. Sie ist 38.
er		Das ist Onkel Jörg. Er ist 41.
sind → sein		Das sind Paula und Pia.
sie (Pl.)		Sie sind 14.
fragen		↔ antworten
antworten		↔ fragen
die Nummer, -n		
die Freundin, -nen		Das ist meine Freundin Sara.
der Freund, -e		Das ist mein Freund Paul.
gerade		Was machst du gerade?
kommen		Kommst du?
sofort		Ich komme sofort.
gleich		Ich bin gleich da.
fertig		Ich bin gleich fertig.
dein/deine		Wie alt ist dein Vater? Und deine Tante?
das Fernsehen, (nur Sg.)		Kennst du das Familien-Quiz im Fernsehen?
nicht		Ich spiele nicht so gern.
Wie geht's?		Hallo, Sara. Wie geht's?
Gute Nacht!		Gute Nacht, Frau König.

Lektion 6 Familie Hofmann im Fernsehen

der Vorname, -n		Vorname: Linus
das Alter, (nur Sg.)		Alter: 45 Jahre
der Beruf, -e		Beruf: Ingenieur

das Hobby, -s		Hobbys: Musik hören, Klavier spielen
der Ingenieur, -e		
der Architekt, -en		
der Techniker, -		
der Künstler, -		
der Schüler, -		
die Schülerin, -nen		

Hobbys

im Garten arbeiten

malen

telefonieren

schreiben

lesen

reparieren

lernen		Er lernt Italienisch.
wo		Wo ist Familie Richter?
wohnen		Wo wohnt Familie Richter?
in		Familie Richter wohnt in Österreich.
woher		Woher ist Familie Egli?
kommen (aus)		Woher kommt Familie Egli?
aus		Familie Egli kommt aus der Schweiz.

Lektion 7 Unterricht

die Angst, ¨e	
die Schule, -n	
der Unterricht, (nur Sg.)	

Schulfächer

Deutsch 

Mathematik 

Englisch 

Physik 

Chemie 

Geschichte 

Geografie 

Biologie 

Kunst(erziehung) 

der Stundenplan, ¨-e

Wochentage

	Montag	Dienstag	Mittwoch	Donnerstag	Freitag	Samstag	Sonntag
1.	Mathe	Englisch	Politik	Kunst	Sport		

frei		Samstag und Sonntag frei.
heute		So ein Tag heute!
die Stunde, -n		
1. erste		in der ersten Stunde
2. zweite		in der zweiten Stunde
3. dritte		in der dritten Stunde
4. vierte		in der vierten Stunde
5. fünfte		in der fünften Stunde
6. sechste		in der sechsten Stunde
das Lieblingsfach, ¨-er		Kunst ist mein Lieblingsfach.
die Klasse, -n		Was hat die Klasse 7b?
haben		Was hat die Klasse heute?
am		Was hat die Klasse am Montag?
wann		Wann hat die Klasse das?

wie viel/e — Wie viele Stunden Sport hast du?

nur — Ich habe nur vier Stunden Mathe.

Lektion 8 In der neuen Schule

hier — Ist hier Klasse 7b?

der Quatsch, (nur Sg.) — Quatsch!

wir — Was machen wir gern?

ihr — Ihr lest gern.

lachen — Die Schüler lachen.

alle — Alle lachen.

Lektion 9 Meine Schulsachen

Schulsachen

der Bleistift, -e

das Heft, -e

die Tasche, -n

der Farbstift, -e

der Kuli, -s

das Buch, ¨-er

das Lineal, -e

der Radiergummi, -s

der Block, ¨-e

der Rucksack, ¨-e

die Tafel, -n

die Schere, -n

das Blatt, ¨-er

der Turnschuh, -e

ein/e — Das sind ein Heft, ein Bleistift und eine Schere.

es — Das ist mein Heft. Es ist neu.

neu — ↔ alt

nett — Du bist nett.

immer — Immer das Gleiche!

kein/e	______	Das ist kein Füller. Das ist ein Kuli.
die Hausaufgabe, -n	______	Wo ist deine Hausaufgabe?
leid tun	______	Tut mir leid.
die Entschuldigung, -en	______	Ach so, Entschuldigung.
möcht-	______	Wir möchten Tennis spielen.
mitkommen	______	Möchtest du mitkommen?
die Lust, (nur Sg.)	______	Hast du Lust?
gehen	______	Möchtest du gehen?
schlafen	______	Ich möchte schlafen.
essen	______	Ich möchte essen.
verstehen	______	Das verstehe ich.
müde	______	Maria ist müde.
die Grundschule, -n	______	die 3. Klasse Grundschule
das Gymnasium, Gymnasien	______	die 7. Klasse Gymnasium
die Note (Schulnote), -n	______	Hier gibt es sechs Noten.
schlecht	______	↔ gut

Lektion 10 Was passiert im Schuljahr?

Besondere Tage

das Weihnachten 

______

das Silvester 

______

das Ostern 

______

der Karneval 

______

der Ausflug, ¨-e 

______

die Ferien, (nur Pl.) 

______

das Sportfest, -e 

______

der Geburtstag, -e 

______

Monate

Januar	Februar	März	April
Mai	Juni	Juli	August
September	Oktober	November	Dezember

7. siebte		Heute ist der siebte Mai.
20. zwanzigste		der zwanzigste Mai
30. dreißigste		der dreißigste Juni
wann		Wann hast du Geburtstag?
am		Am elften August.

Uhrzeit

ein Uhr 

Zehn vor eins 

Viertel vor elf 

Zehn nach eins 

Viertel nach neun 

Halb zehn 

Wie spät ist es?		Wie spät ist es, Frau Huber?
um		Wann fahren wir? – Um 10 Uhr.
später		↔ früher
früher		↔ später
das Spiel, -e		Wir machen ein Spiel.
dürfen		Wir dürfen Fußball spielen.
allein		Wir dürfen allein gehen.
wandern		Die Klasse wandert.
lang		Wandern wir wirklich so lang?
die Minute, -n		Wir wandern 75 Minuten.
das Handy, -s 		Handy!
mitnehmen		Handy mitnehmen!
morgen		Morgen haben wir Ausflug.

!

Natur und Umgebung

der Wald, ¨er	der Bus, -se	das Pferd, -e	die Blume, -n
der Baum, ¨e	der Garten, ¨	das Haus, ¨er	die Straße, -en
der Fluss, ¨e	das Dorf, ¨er	das Schiff, -e	die Insel, -n
der See, -n	das Tier, -e	das Auto, -s	die Stadt, ¨e

die Flasche, -n ______

das Foto, -s ______ Macht Fotos!

Farben

blau	grün	rot	gelb	schwarz
weiß	braun	grau	lila	bunt

der		Hier ist der Wald.
das		Hier ist das Dorf.
die		Hier ist die Straße.
aufpassen		Passt auf!
ruhig		Seid ruhig!
geben		Gib mir die Karte! Gib her!
nehmen		Da, nimm die Karte!
sehen		Seht mal! Da ist eine Straße.
warten		Wartet mal!
weg (sein)		Leo ist weg!
wohin		Wohin gehen wir?
nach links	←	
nach rechts	→	
geradeaus	↑	
schnell		Ottos Gruppe ist zu schnell.

Lektion 12 Nach dem Spiel

Essen

der Salat, -e 

das Brot, -e 

die Kartoffel, -n 

der Käse, - 

das Brötchen, - 

die Banane, -n 

der Fisch, -e 

das Würstchen, - 

die Wurst, ¨-e 

der Apfel, ¨- 

das Obst, (nur Sg.)

es gibt	Es gibt Salat und Würstchen.
entschuldigen (sich)	Ach, entschuldige bitte!

Quellenverzeichnis

Cover: © Corbis/Uwe Umstätter/Radius Images
Seite 6: 1 © Thinkstock/iStock/SbytovaMN; 2 © Thinkstock/iStock/martin meehan; 3 © Thinkstock/Wavebreakmedia Ltd; 4 © Hueber Verlag/Katharina Kiermeir; 5 © Thinkstock/iStock/Kuzmik_A; 6 © iStockphoto/Squaredpixels; 7 © fotolia/thomas.andri; 8 © fotolia/Gerd Lutz; 9 © fotolia/mhp; 10 © Thinkstock/iStock/zirconicusso; 11 © Thinkstock/iStock; 12 © Hueber Verlag/Nina Metzger; 13 © Thinkstock/iStock/Stano3
Seite 8: Burg © fotolia/Andrea Seemann; Mädchen blond © Thinkstock/iStockphoto; Schweizer Alpen © fotolia/swisshippo; Junge brünett © fotolia/Sergejs Rahunoks; Brandenburger Tor © fotolia/paul prescott; Junge blond © Thinkstock/iStockphoto; Straßenszene Burgtheater © Thinkstock/iStock/bluejayphoto; Mädchen rothaarig © iStockphoto/jaroon; Karte © Digital Wisdom
Seite 9: Begrüßen © Thinkstock/iStock/Helder Almeida; Sport © Thinkstock/Fuse; Musik © Thinkstock/iStock/Kuzma; Getränke: Cola © Thinkstock/Hemera, Kaffee © fotolia/Stocksnapper, Tee © iStockphoto/Maica
Seite 10: 1 © Thinkstock/Hemera/Brian Chase; 2 © Thinkstock/iStockphoto; 3 © fotolia/flukesamed; 4 © Thinkstock/iStock/lucagavagna; 6 © Thinkstock/Wavebreakmedia Ltd; 7 © Thinkstock/BananaStock/Jupiterimages; 8 © Thinkstock/iStock/eabff
Seite 10: 1 © Thinkstock/Hemera/Brian Chase; 2 © Thinkstock/iStockphoto; 3 © fotolia/flukesamed; 4 © Thinkstock/iStock/lucagavagna; 6 © Thinkstock/Wavebreakmedia Ltd; 7 © Thinkstock/BananaStock/Jupiterimages; 8 © Thinkstock/iStock/eabff
Seite 15: © iStockphoto/kali9
Seite 16: Band © Thinkstock/Hemera/Brian Chase; Tennis © Thinkstock/iStock/David Lee; Zirkus © iStockphoto/pejft; Hose © Thinkstock/iStock/Ruslan_Kokarev; Paar © iStockphoto/RickBL
Seite 17: 1 © Thinkstock/Hemera; 2 © fotolia/Stocksnapper; 3 © fotolia/objectsforall; 4 © iStockphoto/Maica; 5 © iStockphoto/deepblue4you; 6 © Thinkstock/iStock/Evgeny Karandaev; 7 © Thinkstock/iStockphoto
Seite 19: © Thinkstock/Stockbyte
Seite 21: begrüßen © Thinkstock/iStock/Helder Almeida; verabschieden © iStock/oneclearvision; vorstellen © Thinkstock/F1online
Seite 22: Musik hören (2x) © iStockphoto/anouchka; Fußball © fotolia/Fotoimpressionen; Klavier © fotolia/Markus Schieder; trinken © fotolia/Galina Barskaya; Cola © Thinkstock/Hemera; Apfelsaft © Thinkstock/iStock/Evgeny Karandaev; Wasser © iStockphoto/deepblue4you; Limo © Thinkstock/iStockphoto; Milch © fotolia/objectsforall; Kaffee © fotolia/Stocksnapper; Tee © iStockphoto/Maica; Sport machen, Musik machen © Thinkstock/Fuse; Theater © DIGITALstock/S. Niehoff
Seite 23: Ü2: 1 © iStockphoto/deepblue4you; 2 © Thinkstock/iStockphoto; 3 © fotolia/Stocksnapper; 4 © iStockphoto/Maica; 5 © Thinkstock/iStock/Evgeny Karandaev
Seite 25: Album © Thinkstock/iStock/david franklin; Techniker © Thinkstock/iStock/AKodisinghe; Sport machen, Musik machen © Thinkstock/Fuse; Theater © DIGITALstock/S. Niehoff; Musik hören © iStockphoto/anouchka; begrüßen © Thinkstock/iStock/Helder Almeida; verabschieden © iStock/oneclearvision
Seite 27: Ü6: 2 © fotolia/Bruce Shippee; 3 © Thinkstock/Pixland/Jupiter images; 4 © fotolia/contrastwerkstatt; 5 © fotolia/marcfotodesign; 7 © iStockphoto/duncan1890; 8 © Thinkstock/Stockbyte/Comstock; 9 © Thinkstock/BananaStock; Ü7 © iStockphoto/drbimages
Seite 30: links © Thinkstock/iStock/Ben Blankenburg; rechts © Thinkstock/Monkey Business Images
Seite 33: 1 © Thinkstock/iStock/Linda Yolanda; 2 © Thinkstock/iStock/Jacek Chabraszewski; 3 © Thinkstock/Goodshoot; 4 © Thinkstock/iStock/gpointstudio; 5 © Thinkstock/Fuse; 6 © fotolia/emde71; 7 © Thinkstock/iStock/Dangubic; 8 © Thinkstock/VStock; 9 © Thinkstock/iStock/xalanx
Seite 36: © iStockphoto/Chris Schmidt
Seite 38: Familiencollage: Mädchen mitte © Thinkstock/Stockbyte/Comstock, Junge unten links © fotolia/Bruce Shippee, Frau © Thinkstock/Pixland/Jupiterimages, Junge rechts © Thinkstock/iStock/Dangubic; Strandkörbe © Thinkstock/iStock/waeske; Hausnummer © Thinkstock/iStock/papparaffie; Zone 30 © Thinkstock/iStock/HarryHuber
Seite 41: Block © fotolia/Thongsee; Rucksack © Thinkstock/Hemera; Sportsachen © Thinkstock/iStock/ohmygouche; Mädchen: Bibliothek © Thinkstock/iStock/gpointstudio, malen © Thinkstock/Fuse; Junge: lesen © Thinkstock/iStock/Linda Yolanda, schreiben © Thinkstock/iStock/xalanx
Seite 47: Radiergummi © iStockphoto/kemie; Schere © Thinkstock/iStock; Rucksack © Thinkstock/Hemera; Mäppchen © Thinkstock/iStock/inbj; Stifte © Thinkstock/Ron Chapple Stock; Schuhe © Thinkstock/iStock/Noraznen Azit; Buch © fotolia/PhotoArt by Kathy
Seite 49: 1 © Thinkstock/iStock; 2 © Thinkstock/iStock/Noraznen Azit; 3 © fotolia/PhotoArt by Kathy; 4 © iStockphoto/phant; 5 © fotolia/Thongsee
Seite 52: Füller © Thinkstock/iStock; Heft © fotolia/M.Jenkins; Radiergummi © iStockphoto/kemie; Mäppchen © Thinkstock/iStock/inbj; Rucksack © Thinkstock/Hemera; Stifte © Thinkstock/iStock/DeluXe-PiX
Seite 55: Salat © Thinkstock/iStock/MayerKleinostheim; Bananen © PantherMedia/tom scherber; Pizza © Thinkstock/iStock; Theater © DIGITALstock/S. Niehoff; Kinder Sport © iStockphoto/Graham Oliver; Pinnwand: Hintergrund © Thinkstock/iStock/Eren Dündar, Kalender © fotolia/pixelproHD, Pin © fotolia/picsfive; Bus © Getty Images/iStock/MarioGuti; Auto © fotolia/zimtzicke63; Klassenzimmertür © fotolia/archideaphoto
Seite 56: Ü1 b: A © fotolia/Fotowerk; B © Thinkstock/iStock/NataliaBulatova; C © fotolia/Africa Studio
Seite 57: Ü4 alle © fotolia/tournee
Seite 59: © Thinkstock/Purestock
Seite 60: © Thinkstock/iStock/GeorgeDolgikh
Seite 61: Ü6 von links: © Thinkstock/iStock/Cindy Shebley; © iStockphoto/ Mutenagen; © fotolia/zimtzicke63; © Thinkstock/iStock/CJ_Romas; © Getty Images/iStock/MarioGuti; © Thinkstock/iStock/kviktor01; © Thinkstock/iStock/eyewave; © Thinkstock/iStock/subinpumsom
Seite 63: Äpfel © Thinkstock/iStock/Maksym Narodenko; Kartoffeln © iStockphoto/adlifemarketing; Bananen © PantherMedia/tom scherber; Bratwürste © Thinkstock/iStock/papkin; Brötchen © PantherMedia; Wiener Würste © Thinkstock/Hemera/Roman Ivaschenko
Seite 65: Tasche © Thinkstock/iStock/VvoeVale; Rucksack © Thinkstock/iStock/Olga Ryabtsova; Mäppchen © iStockphoto/David Franklin; Koffer © Thinkstock/iStock/mipan; Hose © Thinkstock/iStock/khvost; Shirt © Thinkstock/iStock/petrdlouhy; Schuhe © Thinkstock/iStock/boumenjapet; Tennisschläger © Thinkstock/iStockphoto
Seite 66: © Thinkstock/iStock/MichaelJay
Seite 67: Kalender © fotolia/tournee; Bus © Getty Images/iStock/MarioGuti
Seite 68: Pinnwand: Hintergrund © Thinkstock/iStock/Eren Dündar, Kalender © fotolia/pixelproHD, Pin © fotolia/picsfive; Salat © Thinkstock/iStock/MayerKleinostheim; Kartoffelsalat © fotolia/vertmedia Martin R.; Käse © Thinkstock/iStock/Jultud; Fisch © fotolia/photocrew; Brot © iStockphoto/SednevaAnna; Wiener Würste © Thinkstock/Hemera/Roman Ivaschenko; Brötchen © Thinkstock/Hemera; Bratwurst © Thinkstock/iStock/papkin; Kartoffeln © iStockphoto/adlifemarketing; Äpfel © Thinkstock/iStock/Maksym Narodenko; Bananen © PantherMedia/tom scherber
Seite 71: Gitarre © Thinkstock/iStock/zirconicusso; Paket © Hueber Verlag/Katharina Kiermeir; Zirkus © Thinkstock/iStock/martin meehan; Flagge Liechtenstein © Thinkstock/iStock
Seite 73: Saft © Thinkstock/iStock/Evgeny Karandaev; Kaffee © fotolia/Stocksnapper; Tee © iStockphoto/Maica; Wasser © iStockphoto/deepblue4you; Limo © Thinkstock/iStockphoto; Cola © Thinkstock/Hemera; Milch © fotolia/objectsforall
Seite 74: Theater © DIGITALstock/S. Niehoff
Seite 79: Bleistift © iStockphoto/NIELSEN73; Heft © fotolia/M.Jenkins; Tasche © iStockphoto/pavlen; Stifte © Thinkstock/iStock/DeluXe-PiX; Kuli © iStockphoto/phant; Buch © fotolia/PhotoArt by Kathy; Lineal © Thinkstock/Stockbyte/George Doyle; Radiergummi © iStockphoto/kemie; Block © fotolia/Thongsee; Rucksack © Thinkstock/Hemera; Tafel © Thinkstock/iStock/Robert Churchill; Schere © Thinkstock/iStock; Blatt © Thinkstock/iStock; Turnschuhe © Thinkstock/iStock/NoraznenAzit
Seite 81: © Thinkstock/iStock/Nik Merkulov
Seite 83: Salat © Thinkstock/iStock/MayerKleinostheim; Brot © iStockphoto/SednevaAnna; Kartoffeln © iStockphoto/adlifemarketing; Käse © Thinkstock/iStock/Jultud; Brötchen © Thinkstock/Hemera; Bananen © PantherMedia/tom scherber; Fisch © fotolia/photocrew; Würstchen © Thinkstock/Hemera/Roman Ivaschenko; Wurst © Thinkstock/iStock/papkin; Apfel © Thinkstock/iStock/Maksym Narodenko

Alle weiteren Bilder: Matthias Kraus, München

Bildredaktion: Nina Metzger, Hueber Verlag, München